Señor, ¡Aumenta Mi Fe!

El Libro de Santiago

JUANITA PURCELL

EBI
EDITORIAL
BAUTISTA INDEPENDIENTE

Señor, ¡Aumenta mi Fe! fue publicado originalmente en inglés con el título **Stretch My Faith, Lord**. © 1992 por Regular Baptist Press, Schaumburg, Illinois. Traducido con permiso.

EM-153
ISBN 978- 1-944839-45-1

Editorial Bautista Independiente
3417 Kenilworth Blvd.
Sebring, Florida 33870-4469

www.ebi-bmm.org

Impreso en Colombia

Índice

Prefacio 5
Introducción 6

Lección 1 *Pruebas: El Camino al Crecimiento* 1
Lección 2 *No Renuncies; Persevera* 9
Lección 3 *Las Tentaciones Vendrán; Espéralas* 15
Lección 4 *¿Es tu Fe Genuina o Falsa?* 22
Lección 5 *¿Haces Acepción de Personas?* 29
Lección 6 *La Fe Exige Evidencias* 35
Lección 7 *Cuidado: Lenguas Fuera de Control* 41
Lección 8 *¿Quedarías Aprobada en el Examen de la Lengua?* 47
Lección 9 *Causas y Soluciones para las Disputas* 54
Lección 10 *Examínate a Ti Misma y No a Otros* 60
Lección 11 *La Fe Aumentada Espera Pacientemente* 67
Lección 12 *Una Mirada Final a las Aflicciones* 74

Instrucciones para la Guía 81

Agradecimiento Especial

Quiero expresar mi gratitud a mi querido esposo, J. O., pastor y mejor amigo, quien hizo comentarios, correcciones y palabras de aliento mientras yo escribía cada capítulo.

También a Betty Keefe, una amiga fiel, quien me ayudó a analizar el libro. Su discernimiento y comentarios de la perspectiva de una mujer suplió unos toques especiales.

Prefacio

Santiago es un libro práctico. Fue escrito para darnos una idea de cómo debe ser un creyente maduro y equilibrado. Santiago es una colección reluciente de verdades, argumentos, preguntas, investigaciones y retos. Invade toda área de nuestra vida y sondea toda área de nuestra personalidad.

En cinco capítulos cortos Santiago brinca de un tema a otro sin disculpas. Considera temas desde las pruebas hasta la lengua, desde el uso de dinero hasta la paciencia, desde la lectura de la Biblia hasta la crítica, desde la tentación hasta la oración.

Mi fe ha sido aumentada al estudiar el libro de Santiago para preparar estas lecciones. Creo que las verdades que me han retado a mí aumentarán tu fe también.

Introducción

Antes de comenzar nuestra aventura a través del libro de Santiago, necesitamos saber algunas cosas: ¿Quién escribió el libro? ¿Cuándo fue escrito? ¿A quién fue escrito? ¿Por qué fue escrito?

¿Quién escribió el libro?

Jacobo, conocido como Santiago, es el escritor del libro. Pero, ¿cuál Jacobo?

¿Jacobo, el hijo de Zebedeo y hermano de Juan?
¿Jacobo, el hijo de Alfeo?
¿Jacobo, el padre de Judas el discípulo?
¿Jacobo, el medio hermano de Jesucristo?

El escritor no se identifica a sí mismo en ninguna manera sino solamente como un "siervo de Dios y del Señor Jesucristo" (Santiago 1:1). Entre los cuatro es más probable que el medio hermano de Jesucristo sea el escritor.

Santiago, (o Jacobo) vivía en la misma casa con Jesús (Mateo 13:55), pero él no creía que Jesús fuese el Salvador (Juan 7:5). Jesús apareció a Santiago después de la resurrección (1 Corintios 15:5-7). Este acontecimiento fue el punto decisivo que cambió la vida de Santiago: entonces él creyó que Jesús realmente era el Salvador. Él comunicó esto a sus hermanos, y más tarde llegó a ser el líder de la iglesia en Jerusalén (Gálatas 2:9).

¿Cuándo fue escrito?

Los estudiosos de la Biblia dan como fecha a la carta de Santiago aproximadamente entre los años 45-50 d. de C. Esta fecha indica que Santiago es una de las primeras cartas del Nuevo Testamento.

¿A quién fue escrito?

Santiago se dirige directamente "a las doce tribus que están en la dispersión", y también los llama "hermanos". Él está escribiendo a los judíos (las doce tribus), y a los que son creyentes (hermanos).

¿Por qué fue escrito?

Cuando Santiago escribió este libro, Roma era la capital del mundo. Claudio, el emperador, despreciaba a los judíos y los perseguía. Muchos no tenían hogar; las familias estaban separadas; los judíos estaban viviendo en una miseria paupérrima con mucho sufrimiento. ¿El resultado? Ellos empezaron a dispersarse y a vivir incógnitos.

Santiago escribió para animar a sus hermanos a permanecer firmes en medio de sus pruebas. Él también les recordó que sus pruebas les ayudarían a desarrollarse espiritualmente. Él continuó exhortando a sus hermanos a vivir santamente y les explicó cómo alcanzarlo. Él pintó un cuadro vívido de las características de un creyente en sus palabras, acciones, sentimientos y en el manejo de sus bienes. Santiago aumentará nuestra fe al máximo.

Lección 1

Pruebas: El Camino al Crecimiento

Santiago 1:1-4

"Hermanos míos, tened por sumo gozo cuando os halléis en diversas pruebas, sabiendo que la prueba de vuestra fe produce paciencia" (Santiago 1:2-3).

El libro de Santiago es una carta en cuanto a la vida cristiana. Cada capítulo contiene lecciones muy valiosas, pero nosotras sacaremos provecho de ellas solamente cuando apliquemos las verdades a nuestra vida. Cada vez que empezamos una lección debemos asegurarnos de que no solamente estamos escuchando las palabras, sino que también estamos poniendo en práctica lo que escuchamos y aprendemos. "Pero sed hacedores de la palabra y no tan solamente oidores, engañándoos a vosotros mismos" (Santiago 1:22).

Al comenzar esta lección, ¿harías esta oración conmigo? "Señor, cuando todo tipo de pruebas inundan mi vida, ayúdame a no dudar de tu amor. Ayúdame a recordar que tú eres demasiado bondadoso para ser cruel y demasiado sabio para errar. Líbrame de la confusión, oh Señor, por honor a tu nombre. Amen".

Para comprender y disfrutar esta primera lección, lee la introducción a este estudio (p. iv).

Introducción

Lee Santiago 1:1.

1. ¿Cómo se identifica a sí mismo Santiago?

2. ¿Quién fue criado en la misma casa con Santiago? Lee Mateo 13:55-56.

3. Santiago no se identificó a sí mismo como el hermano de Jesús ni como el líder de la iglesia de Jerusalén. ¿Qué te indica esto acerca de él?

Santiago usó la palabra "siervo" (*doulos*) para indicar su actitud de devoción y servicio a Cristo. *Doulos* significa *esclavo voluntario,* como aquel que se describe en Éxodo 21:1-6. Este esclavo ama y sirve con gozo a su señor por toda la vida.

4. Si tuvieras parentesco con alguien famoso o muy conocido, ¿qué estarías tentado a hacer?

5. ¿Por qué mencionamos nombres famosos en nuestras conversaciones?

6. Los hermanos espirituales de Santiago estaban atravesando "fuego de prueba" (1 Pedro 4:12). Lee el versículo 12 nuevamente. Describe algunas de las pruebas que tú crees que ellos podrían haber enfrentado.

7. ¿Qué había predicho Dios que sucedería a los judíos? Lee Levítico 26:33; Deuteronomio 28:37.

"¿Te sientes como un miembro de las tribus de Israel en la dispersión, al recordar aquellos días cuando tu familia estaba unida y tus amados estaban cerca? Entonces escucha la primera palabra de Santiago: ¡Regocíjate! Tú eres un siervo de Dios. Perteneces al Señor Jesucristo. Dios te ha escrito una carta de amor; te envía saludos. Es él quien te dice que te regocijes".[1]

Si vamos a crecer, es necesario tener la actitud correcta en nuestras pruebas.

Lee Santiago 1:2.

8. Sabemos que el libro de Santiago fue escrito a los creyentes, así que es significante para nosotras hoy también. El versículo 2 parece pedir algo irrazonable. ¿Qué es?

9. ¿Cómo respondemos generalmente cuando Dios permite que vengan pruebas a nuestra vida?

10. ¿Qué evaluación errónea de nosotras mismas manifestamos cuando preguntamos, "¿por qué me sucede esto?"

"Si apreciamos más la comodidad que el carácter, entonces las pruebas nos perturbarán. Si estimamos lo material y lo físico más que lo espiritual, no seremos capaces de responder con "sumo gozo". Si vivimos solo para el presente y nos olvidamos del futuro, entonces las pruebas nos harán amargas en vez de mejorarnos".[2]

La palabra clave en "tened por sumo gozo" es *tened*, que en el griego es un término financiero que se puede traducir "contar", "estimar" o "considerar".

11. Cambia "tened" por *considerar* y escribe Santiago 1:2 en tus propias palabras.

12. Las promesas de los siguientes versículos hacen posible que tengamos "sumo gozo" en circunstancias difíciles. ¿De qué manera?
    Filipenses 4:13

Isaías 40:31

Isaías 26:3

"Hijo… tu situación actual no es tan difícil como parece, —es decir, no lo es si puedes ver tus limitaciones y mi grandeza en ella… La gloria de mi poder resplandece lo mas brillante ante la ausencia de la ayuda humana".[3]

---

13. (a) ¿Cuál palabra en Santiago 1:2 y en Isaías 43:2 implica que todos los creyentes en alguna ocasión u otra atravesarán pruebas?

    (b) ¿Por cuál prueba has pasado últimamente?

    (c) Evalúa la prueba. ¿Qué ha hecho, o está haciendo, tal prueba en tu vida?

14. ¿Qué podría indicar la frase "os halléis en"?

Si vamos a crecer, nuestra fe debe ser probada.

Lee Santiago 1:3-4.

15. Si tienes auxiliares para estudiar la Biblia (tal como el *Diccionario Expositivo de Palabras del Nuevo Testamento de Vine*), busca las siguientes palabras y escribe una definición completa de cada una.
    diversas (Santiago 1:2)

pruebas (Santiago 1:2)

prueba (Santiago 1:3)

produce (Santiago 1:3)

paciencia (Santiago 1:3-4)

completa (Santiago 1:4)

cabales (Santiago 1:4)

16. Repasa la definición de las palabras que has buscado y escribe Santiago 1:2-4 en tus propias palabras.

"Dios está pensando más en perfeccionar a la gente para la gloria, que en protegerlas de cosas desagradables. De hecho él puede usar la injusticia y lo poco placentero como una lección para guiarnos más adelante en nuestra relación con él".[4]

---

17. Muchas veces estamos confundidos cuando las pruebas vienen, y no sabemos lo que Dios está haciendo en nuestra vida. ¿Qué dice el versículo 3 que nosotros podemos saber con toda seguridad cuando las pruebas vienen?

18. ¿Qué sucedería a nuestra fe si nunca fuese probada?

"El esplendor del oro dos veces refinado y transformado en una joya exquisita es asombroso en verdad. Pero por el ambiente cómodo de la joyería, nadie se da cuenta del calor y la presión, ni del trabajo de doblar y formar en las manos del artesano que la produjo. ¿Estás viviendo bajo presión y dolor? ¡Ten ánimo! Algo hermoso está a punto de realizarse en las manos de tu creador".[5]

---

19. Cuando la paciencia ha terminado su "obra completa", ¿qué clase de creyente deberíamos de ser?

20. (a) "Sin que os falte cosa alguna" en el versículo 4, ¿se refiere a las cosas materiales o a las espirituales?

    (b) ¿Qué significa este versículo?

De mi corazón

¿Has notado cómo el Señor frecuentemente nos prueba para ver si nosotras estamos practicando lo que predicamos? La semana que yo empecé este libro, el

Señor me envió una prueba que parecía ser el colmo de tres años de pruebas. Está de más decir que estuve desanimada. Estaba desilusionada, y quería retirarme. Estaba cansada y muy cerca al punto de estar exhausta. Luego, muy tarde por la noche yo dudé del Señor y me sentí muy apenada por mí misma. Y entonces, justo como si el Señor prendiera la luz, la oscuridad y la duda desaparecieron, y recordé la lección que yo había escrito sobre el texto de Santiago 1:1-4. Mientras estaba recostada, ahí en la cama, este poema empezó a desarrollarse en mi mente:

> Señor, ¿nunca terminarán estos dolores y pruebas?
> Justo cuando pienso que ya han terminado, tú envías más
> Tú conoces mi corazón – que tanto me duele;
> Trato de sonreír, pero me siento tan triste;
> ¿Qué quieres que aprenda de estas pruebas?
> Oh, ahora lo recuerdo; tú quieres que yo crezca;
> Sí, cada vez más como Jesús tú quieres que yo sea,
> Ese es el plan que tú tienes en mente para mí.
> Entonces continúa golpeándome y formándome;
> No te detengas hasta que hayas terminado, sin importar lo que yo diga.

De tu corazón

Al reflexionar en esta lección, ¿te has dado cuenta que tus pruebas son hechas por Dios para ayudarte en tu crecimiento espiritual? ¿Qué está tratando de enseñarte Dios por medio de la prueba actual?

Notas:

1. Coder, S. Maxwell. *Faith That Works* (Chicago: Moody, s.f.), 4.
2. Wiersbe, Warren W. *Maduros en Cristo* (Sebring, FL: Editorial Bautista Independiente, 1992), 17.
3. Slagle, Charles. *From the Father's Heart* (Shippensburg, PA: Destiny Image Publishers, 1989), 84.
4. Briscoe, Stuart. *What Works When Life Doesn't* (Wheaton, IL: SP Publications, 1976), 136.
5. *Timeless Insights* (Atlanta: Thru the Bible Ministries), agosto 1990.

Lección 2

No Renuncies; Persevera

Santiago 1:5-12

"Y si alguno tiene falta de sabiduría, pídala a Dios, el cual da a todos abundantemente y sin reproche, y le será dada" (Santiago 1:5).

Nosotras hemos aprendido que las pruebas vienen a todos los creyentes que están esforzándose por llegar a la madurez espiritual. Necesitamos ayuda y dirección divina mientras sufrimos estas pruebas. Me da gozo decirte que está disponible para aquellas que lo pidan. Si es tan fácil, ¿por qué no la tienen todas? Descubriremos porqué en esta lección.

Al comenzar esta lección, ¿harías esta oración conmigo? "Señor, cuando estoy confundida y no sé qué hacer, ayúdame a recordar que debo correr a ti. Otros pueden confundirme o descarriarme, solamente tú tienes la sabiduría para dirigir mis pasos. Amén".

¿Necesitas ayuda? No renuncies; ¡pídela!

Lee Santiago 1:5.

1. ¿Cuáles dos cosas necesitamos cuando estamos en medio de una prueba? (vs.5, 6-8)

2. ¿Por qué crees que Santiago presenta la sabiduría como la primera cosa necesaria cuando somos probados?

La palabra "pídala" en Santiago 1:5 indica que nosotras necesitamos pedir y continuar pidiendo y continuar esperando la respuesta.

3. ¿A quién solemos dirigirnos primero para pedir sabiduría y respuestas?

4. Es posible que necesitemos a un pastor o consejero, pero ¿a quién debemos ir primero? Lee Isaías 9:6.

En una ocasión escuché a alguien decir: "Cuando te encuentres en problemas o en dudas, corre sin rumbo, chilla y grita". Yo creo que la siguiente formula sería más práctica:

1. Arrodíllate— Santiago 1:5
2. Estudia la Palabra de Dios— 2 Timoteo 2:15
3. Pide consejo a otros— Proverbios 1:5

"La sabiduría divina no puede llegar a ser nuestra, hasta que seamos humildes y dóciles, asombrados de la santidad y la soberanía de Dios...reconociendo nuestras propias limitaciones, no confiando en nuestros propios pensamientos, sino dispuestas a pensar en una manera distinta".[1]

---

5. Dios promete darnos su sabiduría.
   (a) ¿De qué manera nos la dará?

   (b) ¿Qué significa esto para tí?

6. ¿Qué significa "sin reproche"?

El versículo del Salmo 31:15: "*'Mis tiempos están en tus manos…' ha llegado a formar una parte esencial de mi vida. Este pensamiento me ha permitido descansar cuando Dios me ha dejado perpleja mientras yo esperaba tomar una decisión. Su horario siempre es perfecto aunque a mí no me parece así, porque mi temperamento desea saber de antemano lo que vendrá*".[2]

¿Necesitas fe? No renuncies; ¡búscala!

Lee Santiago 1:6-8.

7. ¿Por qué es que algunas personas no consiguen de Dios la sabiduría que necesitan? (vs. 6-7)

8. ¿Cómo describe Dios al hombre a quien le falta la fe? (v. 6)

9. ¿Por qué es inconstante el hombre de doble ánimo?

"No es difícil… confiar la dirección del universo… a Dios.¿Es tanto más complejo y difícil tu caso… que no puedes confiar en Dios para el manejo de tu vida?… Afírmate en el poder y la integridad de tu Dios, y te darás cuenta qué pronto todas las dificultades desaparecerán ante una firme determinación de creer".[3]

10. ¿Cómo viene la fe a una persona? Lee Romanos 10:17.

11. Lee Hebreos 11:1. ¿Cuál es tu definición de fe?

"Tú nunca aprenderás a tener fe en un ambiente cómodo. Dios nos da de sus promesas en una hora pacífica; Dios sella nuestros pactos con agradables palabras, y entonces él se retira y espera para ver cuánto creemos. Luego deja que el tentador venga, y la prueba parece contradecir todo lo que él nos ha dicho. Es entonces cuando la fe gana su corona. Ese es el momento para mirar a través de la tormenta, y junto con los temblorosos y asustados marineros clamar: 'Yo confío en Dios que será así como se me ha dicho' [Hechos 27:25]".[4]

No renuncies; ¡todos pueden tener verdaderas riquezas!

Lee Santiago 1:9-11.

No importa cómo nos encontremos en la vida —ricos, pobres o clase media— siempre tendremos pruebas, y necesitamos la fe y la sabiduría de Dios al pasar de una prueba a otra.

12. Debes mantener en mente que Santiago escribió a sus hermanos en Cristo, ricos y pobres. ¿Cómo se asemejan en medio de las pruebas?

    (a) Los pobres

    (b) Los ricos

"Las riquezas de los creyentes nunca pueden ser calculadas en monedas. Nosotras somos ricas en paz, justicia y esperanza; y ni las adversidades ni las enfermedades pueden robarnos tales riquezas".[5]

13. ¿Cómo se relaciona el versículo 11 con los bienes materiales?

Si no renuncias, serás recompensada.

Lee Santiago 1:12.

La palabra "tentación" en el versículo 12 es la misma palabra que "diversas pruebas" en el versículo dos.

14. ¿Cuáles dos cosas encontramos en la vida de la persona bienaventurada?

"La perseverancia es el atributo que produce a un campeón. Siempre persevera aun después de que es evidente que no puede ganar. No se dará por vencido".[6]

---

15. ¿De qué manera son premiadas las personas bienaventuradas que soportan las tentaciones?

16. ¿Piensas que "la corona de vida" se refiere a una vida abundante en el presente (Juan 10:10) o a una "corona de vida" en el cielo por ser fiel a Cristo durante la vida terrenal (Apocalipsis 2:10)?

De mi corazón

¿Recuerdas pedir la sabiduría de Dios cuando estás pasando por pruebas? La mayoría de las veces yo sí lo hago, pero mi mayor problema es esperar la respuesta. Si Dios no me da alguna dirección clara o una solución rápida, mi tendencia es tomar los problemas en mis propias manos. Yo decido que trataré de resolver las cosas, o por lo menos ayudar a Dios un poquito. Es aquí donde cometo el gran error, y Dios dice: "No piense, pues, quien tal haga, que recibirá cosa alguna del Señor". Dios no puede obrar a mi favor si yo insisto en resolver los problemas por mí misma.

Hace poco vi una nota pegada en una refrigeradora que me llamó la atención. Regresé a mi casa y escribí la misma nota, y la veo cada día pegada en mi refrigeradora. La nota dice:

Querida Juanita,
¡No necesito de tu ayuda hoy!

Te amo,
Dios

"Señor, tú sabes que yo no quiero ser una persona de doble ánimo; ayúdame a tener una fe que no vacila".

De tu corazón

Al reflexionar en esta lección, ¿te parece que Dios te verá como una campeona o como una desertora en las circunstancias presentes de tu vida? ¿Cuál es tu deseo?

Notas:
1. Blanchard, John, editor citando J. I. Packer. *Gathered Gold* (Durham, England: Evangelical Press, 1984), 334.
2. Elliot, Elisabeth. *Discipline: The Glad Surrender* (Old Tappan, NJ: Fleming H. Revell, 1982), 101.
3. Smith, Hannah Whitall. *The Christian's Secret of a Happy Life* (Westwood, NJ: Fleming H. Revell, 1952), 76.
4. Cowman, Mrs. Charles E. *Manantiales en el Desierto* (Miami: Vida).
5. Strauss, Lehman. *James, Your Brother* (Neptune, NJ: Loizeaux Brothers, 1956), 30.
6. Barrett, Ethel. *Will the Real Phony Please Stand Up* (Glendale, CA: G/L Publications, 1969), 7.

Lección 3

Las Tentaciones Vendrán; Espéralas

Santiago 1:13-21

"Sino que cada uno es tentado cuando de su propia concupiscencia es atraído y seducido" (Santiago 1:14).

Hemos aprendido en las lecciones 1 y 2 que Dios nos envía pruebas para probar y madurar nuestra fe. En esta lección descubriremos que con cada prueba hay una tentación. Satanás nos tentará a escapar de nuestras pruebas y culpar a Dios por nuestras heridas.

Dios nos envía pruebas. ¿Para qué? Para que podamos mantenernos firmes y confiar en Dios. Satanás envía tentaciones. ¿Para qué? Para hacernos huir de Dios y echarle la culpa.

Al comenzar esta lección, ¿harías esta oración conmigo? "Señor, cuando me enfrente una tentación muy poderosa, ayúdame a resistirla inmediatamente. Que pueda ser pronta para negarme a mí misma, y pronta para seguirte a ti. Amén".

"Cuando las circunstancias son difíciles, es posible que nos encontremos quejándonos contra Dios, dudando de su amor, y resistiéndo su voluntad. Es entonces cuando Satanás nos presenta la oportunidad de escapar de la dificultad. Esta oportunidad es una tentación".[1]

Estaremos tentados a pecar.

Lee Santiago 1:13-16.

1. ¿Qué palabra encontramos en el versículo 13 que nos indica que todos nosotros seremos tentados?

2. Todos hemos escuchado a la gente decir: "Satanás me hizo hacerlo". ¿Por qué no podemos culpar a Dios, a otros y ni aun a Satanás por nuestros pecados?

3. Nosotros vemos el pecado como un hecho, pero Dios lo ve como una progresión con, por lo menos, cuatro etapas. Nombra cada una de ellas.
   (a)

   (b)

   (c)

   (d)

4. El resultado final del pecado es la muerte. Santiago no se refería a la muerte física, ya que sus lectores estaban todavía vivos. Tampoco hablaba de la muerte espiritual por cuanto sus lectores eran creyentes, y los creyentes no pueden perder su salvación (Juan 3:16). ¿Qué es lo que muere como resultado del pecado?

5. Escribe en tus propias palabras el proceso que abarca desde la concupiscencia hasta la muerte de la manera como se describe en los versículos del 13-16.

El pecado nace cuando la concupiscencia interior se une con la tentación externa. ¿Quién es el padre no mencionado? Satanás ¡el gran engañador! Él susurra en nuestros oídos, "Tú no tienes que soportar esto. Tú puedes pecar sin ser descubierto. Nadie se dará cuenta, nadie saldrá dañado".

"Satanás no te ofrece una tentación juntamente con el plano que muestra la frustración, el fracaso, el alejamiento de Dios, las metas no realizadas, el centro de rehabilitación para drogadictos, el embarazo no deseado, o cualquiera que fuere el resultado final. Él solamente te sugiere el placer del momento y quiere hacerte que de alguna manera conseguirás salirte con la tuya, y que saldrás libre de culpa y sin daño".[2]

6. ¿Puedes pensar en un momento en tu vida cuando hayas pecado después de un período largo de pruebas, diciendo: "No pude aguantar más"? Brevemente escribe lo que te sucedió y qué tentación te ofreció Satanás como una salida.

Cuando resistimos lo que Dios permite que suceda en nuestra vida, somos tentadas a huir de eso en lugar de aceptarlo. Cuando huimos, estaremos tentadas a pecar; pero cuando lo aceptamos, encontramos paz. Amy Carmichael expresó bellamente tal pensamiento en este poema:

Uno se dijo, "Yo olvidaré las caras moribundas;
Los lugares vacíos,
Ellos estarán llenos otra vez.
Oh, voces quejándose profundamente dentro de mí, ¡cesan!"
Pero vana la palabra; vana, vana:
No en olvidarse existe la paz.
Se dijo, "Yo amontonaré acción sobre acción,
El pleito de partido
Me concitará y me sustentará;
Oh, lágrimas que apagan el fuego de la virilidad, ¡cesan!"
Pero vana la palabra; vana, vana:
No en esforzarse existe la paz.

Se dijo, "Yo me retiraré y estaré tranquilo,
¿Por qué entrometerme en el tumulto de la vida?
La puerta mía estará cerrada al dolor.
El deseo me engaña, mas cesará."

Pero vana la palabra; vana, vana:
No en la indiferencia existe la paz.

Se dijo, "Voy a someterme; estoy vencido.
Dios ha agotado
Mi vida de su rica ganancia.
Oh, murmuraciones fútiles, ¿por qué no cesarán?"
Pero vana la palabra; vana, vana:
No en la sumisión existe la paz.

Se dijo, "Aceptaré la tristeza quebrantadora
Que Dios mañana
Explicará a su hijo."
Entonces cesó el disturbio interno.
No vana la palabra, no vana;
Porque en la aceptación existe la paz.[3]

Estaremos tentadas a olvidarnos de Dios.

Lee Santiago 1:17-18.

7. ¿Cómo puede el recordar la bondad de Dios ayudarnos a no ceder a la tentación? (v. 17)

8. Las sombras del sol cambian de posición, pero no el Dios quien hizo al sol. ¿Qué te dice esto acerca de Dios?

"Hijo, todo lo que hago, lo hago para tu beneficio. De hecho, te amo tanto que siempre miro más allá de tus pequeñas peticiones y te doy regalos mucho mejores de lo que me pides".[4]

---

9. ¿Cuál palabra del versículo 18 habla de nacimiento?

10. ¿Qué usó Dios para estimular el nuevo nacimiento en nosotras?

11. (a) ¿Nos ha dado la nueva vida porque así lo escogimos o porque nos lo ganamos?

    (b) ¿Quién origina el nuevo nacimiento, y de qué manera se origina?

12. ¿Qué significaba "primicias" para los judíos a quienes Santiago escribía?

13. ¿De qué manera compara Dios a aquellos que han nacido de nuevo con el resto de su creación?

14. Si los creyentes son lo mejor que Dios tiene para mostrar al mundo, ¿de qué manera debe afectar esto nuestra manera de pensar cuando estamos tentadas a pecar?

Estaremos tentadas a olvidar la Palabra de Dios.

Lee Santiago 1:19-21.

Cuando somos tentadas a pecar, a menudo nos olvidamos cuán bueno es Dios, y que él nos ha salvado para ser ejemplos de Cristo a este mundo. También podemos olvidar su Palabra.

15. ¿Por qué debemos de ser prontos para escuchar la Palabra de Verdad? (v. 19)

16. ¿Qué relación tiene "pronto para oír, tardo para hablar, tardo para airarse" con nuestra inclinación a pecar?

"Señor, líbrame de la ligereza de abrir mi boca cuando debo cerrarla. Dame la sabiduría para guardar silencio cuando el silencio sea sabio. Hazme recordar que no todas las cosas necesitan ser dichas, y que hay muy pocas cosas que necesitan ser dichas por mí".[5]

---

17. ¿De qué manera la ira impide la obra de Dios? Da una ilustración que hayas observado.

"Como creyente no tengo más derecho para permitir que un mal genio habite en mí, que el derecho de permitir que el mismo Satanás habite allí".[6]

---

18. ¿Cómo debemos preparar nuestro corazón para recibir la Palabra de Dios?

19. ¿Cuál es el significado de la palabra "implantada"?

La palabra griega para "salvar" en el versículo 21 significa *proteger, librar, sanar.*

20. ¿De qué manera salva nuestra alma la Palabra de Dios?

La Bíblia me alejará del pecado, o el pecado me alejará de la Bíblia.

De mi corazón

Arrancar la mala hierba es una de las cosas que menos me gusta hacer. Sin embargo, esas cosas feas me han enseñado una buena lección acerca de la vida y de mi pecado. Un día mientras estaba arrancando la mala hierba, vi una que estaba escondida detrás de un arbusto y estaba muy difícil de sacar. Cuando intenté tomar más fuerza para sacarla, empecé a razonar, "realmente no luce tan mal; en realidad, se ve muy bonita con esas pequeñas flores de color anaranjado. Además puede que lastime mi espalda intentando sacarla". Así que la dejé allí. Un mes más tarde cuando volví para sacar la mala hierba, me quedé impresionada cuando vi mi pequeña mala hierba. Ya no estaba escondida. Ahora era tan grande como el mismo arbusto en frente suyo. Traté de arrancarla, pero ya era imposible. Tuve que llamar a mi esposo para que la sacara.

Aquella pequeña mala hierba es como mi pecado cuando apenas comienza a crecer en mi corazón. Y pienso dentro de mí: "No es tan malo". Y comienza a crecer; y cuando finalmente decido hacer algo al respecto, ya no puedo; las raíces están demasiado profundas. Necesito ayuda para sacarlo. El Gran Cirujano, mi Salvador, está allí para extirparlo. Sin embargo, debo recordar, que cuanto más profundo estén las raíces, más grandes serán las cicatrices.

"Señor, ayúdame a confesar mis pecados diariamente, para que los pecados pequeños no puedan crecer".

De tu corazón

Al reflexionar en la lección, ¿Cuáles pecados pequeños ves que están echando raíces en tu corazón? ¿Qué vas a hacer con ellos?

Notas:

1. Wiersbe, 35.
2. Barrett, 24.
3. Elliot, Elisabeth citando Amy Carmichael. *Loneliness* (Nashville, TN: Thomas Nelson, 1988), 84-85.
4. Slagle, 121.
5. Elliot, Elisabeth. *A Lamp for My Feet* (Ann Arbor, MI: Servant Publications, 1985), 42.
6. Carter, Tom, editor citando Charles Spurgeon. *Spurgeon at His Best* (Grand Rapids, MI: Baker, 1988), 12.

Lección 4

¿Es tu Fe Genuina o Falsa?

Santiago 1:22-27

"Pero sed hacedores de la Palabra, y no tan solamente oidores, engañándoos a vosotros mismos" (Santiago 1:22).

En las primeras tres lecciones aprendimos cómo sobrellevar las pruebas y cómo vencer las tentaciones. Ahora parece que Santiago está diciendo, "¡Es tiempo de evaluar lo aprendido! Quiero que examines tu fe para comprobar si es genuina".

Al empezar esta lección, ¿harías esta oración conmigo? "Señor, hazme recordar que debo examinarme a mí misma con regularidad para estar segura que mis logros externos concuerden con mi obediencia interna. No quiero solamente aparentar estar bien. ¡Quiero estar bien! Fácilmente podría ser engañada. Ayúdame a permanecer alerta para tu honra. Amén".

Una fe viva exige acción.

Lee Santiago 1:22.

La palabra "engañándoos" en este versículo proviene de un verbo que solamente se ha usado dos veces en el Nuevo Testamento: aquí y en Colosenses 2:4. *Paralogizomai* significa *estafar o engañar por falsos razonamientos.*

1. ¿Cuál debe ser nuestra guía para examinar nuestra fe para ver si es genuina?

2. ¿Cómo difiere la Palabra de Dios de cualquier otro libro?

3. ¿De qué manera es la Palabra de Dios una guía doble que nos muestra la realidad de nuestra naturaleza?

4. Si una persona escucha la Palabra de Dios sin ponerla en práctica, ¿de qué manera se engaña a sí misma? Lee Mateo 7:24-27.

"Advertencia: Este Libro forma hábitos. El uso diario resulta en la pérdida de la ansiedad y el asco para la mentira, el fraude, el robo y el odio. Síntomas: Aumento de amor, paz, gozo y compasión".[1]

La palabra "oidores" se refiere a "un oyente académico". Esta persona escucha toda la enseñanza y toma notas pero no tiene que presentar ninguna asignación ni examen.

5. Si Dios no nos asigna ninguna tarea y nunca nos califica, ¿qué nos indicaría?

Una fe viva exige nuestra atención.

Lee Santiago 1:23-24.

6. ¿Cómo nos sirve de espejo la Palabra de Dios?

7. ¿De qué manera demuestran las damas que ellas consideran que la belleza externa es más importante que la belleza interna?

"Nuestros amigos pueden decirnos que somos maravillosas, y aun podemos engañarnos creyéndolo. Podemos imaginar miles de formas para mejorar nuestra autoimagen, pero cuando leemos la Palabra de Dios, ¡nos vemos exactamente cómo somos! Es imposible ser indiferentes a la Biblia. Puedes escuchar lo que dice y escoger no hacer nada al respecto, pero la Biblia sí hará algo en ti. La verdad oída e ignorada es peligrosa".[2]

8. ¿Qué diríamos de una dama que se levanta en la mañana, mira en el espejo su cabello despeinado y no se lo arregla?

Una fe viva exige la obediencia.

Lee Santiago 1:25.

9. La "ley de la libertad" se refiere a las enseñanzas de Cristo.
   (a) ¿De qué manera da libertad a nuestra vida la Palabra de Dios?

   (b) ¿De qué manera puede un creyente hacerse un esclavo?

"Señor, rompe las cadenas que me tienen atadas a mí misma; libérame para ser tu esclava feliz —es decir, ser aquella persona que con alegría de corazón lava los pies de cualquier persona que lo necesite, prepara su almuerzo, pasa por alto sus faltas, perdona sus fracasos, elogia su trabajo, la consuela en sus penas, o le cose un botón a su camisa. No permitas que me imagine que mi amor por ti es muy grande, si realmente no tengo la voluntad de hacer algo pequeño por cualquier ser humano".[3]

10. ¿Quién es la persona no bienaventurada?

11. (a) En un promedio, ¿cuántas veces a la semana escuchas la Palabra de Dios, ya sea a través de la lectura propia o escuchando a alguien enseñarla?

(b) ¿Qué has hecho durante esta semana como resultado de lo que has escuchado de la Palabra de Dios?

12. ¿Qué crees que significa esta afirmación: "Algunas personas aparentan tener un tiempo devocional "?

Una fe viva exige un ejemplo.

Lee Santiago 1:26-27.

13. El versículo 26 es un ejemplo vívido de un oidor que no es un hacedor.

(a) Una palabra de este versículo indica que esta persona posiblemente no sea realmente un creyente verdadero. ¿Cuál es?

(b) ¿Cuál otra palabra o frase podrías usar en lugar de "se cree"?

14. ¿Qué significa ser "religioso"?

15. ¿Por qué usa Dios las palabras "religioso" y "religión" cuando se refiere al hombre en el versículo 26?

16. ¿Cuáles tres cosas se dicen de este hombre?
    (a)

    (b)

    (c)

"La religión es el intento del hombre hacer algo con el fin de lograr ir al cielo; el cristianismo son las buenas noticias de que el cielo es un regalo de Dios. La religión implica el tratar; el cristianismo implica el confiar".[4]

---

17. ¿De qué manera engaña a una persona la religión vana? Lee 1 Samuel 15:22; Amós 5:21-22.

"Nuestra palabra religión proviene de una antigua raíz latina que significa 'tabú'. De esta manera, la religión puede ser definida como la práctica de los tabúes, o realizar ceremonias, y observar costumbres consideradas sagradas. Una persona puede ser muy religiosa sin siquiera haber escuchado el plan de Dios para la salvación".[5]

---

18. ¿Cuáles tres pruebas de la verdadera fe (pura y sin mácula) podemos usar para descubrir si nuestro servicio externo agrada a Dios?
    (a)

    (b)

    (c)

19. ¿Cómo demostramos la verdadera fe en las siguientes tres áreas?
Una lengua controlada

Amor por los demás

Santidad o pureza

"Conocer a Cristo es la manera de crecer en santidad. El cristianismo no es una religión de reglas. Es la religión del ejemplo divino. Trata de seguir los pasos benditos de la vida más santa. Sigue sus consejos. Pregúntate a tí misma, en el momento de confusión o tentación, ¿qué haría Cristo si estuviera aquí? Ninguna cosa nos dirigirá con tanta seguridad hacia el camino a la santidad".[6]

Examina tu fe: ¿Es una fe genuina o una fe engañada? ¡La fe verdadera no es engañada!

De mi corazón

He escogido Santiago 1:22 como mi versículo para este año: "Pero sed hacedores de la Palabra y no tan solamente oidores, engañándoos a vosotros mismos". No quiero solamente leer la Palabra de Dios cada día, enseñarla y escuchar lo que otros enseñen; yo quiero *vivirla.* Es muy fácil formar hábitos que pueden engañarnos. Leemos la Biblia cada día y nunca dejamos de asistir a los cultos de la iglesia, pero nuestro corazón está lleno de cólera, odio y amargura, temor y preocupación. ¿De qué nos beneficia el leer la Biblia cada día y nunca dejar de asistir al culto si no obedecemos lo que leemos y escuchamos?

Me encanta este pensamiento que una vez leí: "¿Por qué es que nosotros, en el mismo reino de la gracia, rodeados de ángeles y precedidos por fieles creyentes; aun así hacemos tan poco? ¿Por qué en lugar de ascender con alas de águilas, nos arrastramos en el polvo, y cometemos pecados y confesamos pecados alternativamente? Tenemos un poder dentro de nosotros mismos para cumplir lo que se nos manda a hacer. ¿Qué es lo que nos falta? ¿El poder? No; la voluntad".

"Sí, yo tengo tu poder en mí, Señor, pero debo mantener la llama y reavivar el fuego diariamente estudiando tu Palabra". Debo preguntarme a mí misma cada día, "Juanita, ¿has echado leña al fuego hoy?"

"Señor, tú sabes que yo quiero crecer y brillar para ti, y ser una oidora y hacedora".

¿Y qué de tí?

De tu corazón

Al reflexionar en esta lección, ¿dirías que tienes una fe verdadera o una fe falsa? ¿Qué evidencias de la fe verdadera estás demostrando en tu vida ahora mismo?

Notas:

1. Wagner, Charles U. *Winning Words for Daily Living* (Grand Rapids, MI: Kregel, 1989), 50.
2. Sweeting, George. *How to Solve Conflicts* (Chicago: Moody, 1973), 47.
3. Elliot, Elisabeth. *A Lamp for My Feet*, 35-36.
4. *Timeless Insights* (Atlanta: Thru the Bible Ministries), febrero 1991.
5. Coder, 18.
6. Tileston, Mary Wilder, editor citando George Hodges. *Joy and Strength* (Minneapolis, MI: World Wide Publications, 1986), 122.

Lección 5

¿Haces Acepción de Personas?

Santiago 2:1-13

"Pero si hacéis acepción de personas, cometéis pecado, y quedáis convictos por la ley como transgresores" (Santiago 2:9).

Hagamos un rápido repaso del primer capítulo de Santiago antes de estudiar el segundo. Nosotras aprendimos cuatro lecciones muy prácticas en el primer capítulo:

- Dios envía pruebas para madurarnos.
- Necesitamos sabiduría y fe para sobrellevar las pruebas.
- Todas nos enfrentaremos a las tentaciones.
- Dios quiere que nosotras seamos hacedoras de su Palabra y no solamente oidoras.

Al mirar el capítulo dos, inmediatamente nos enfrentamos con esta pregunta: ¿Pueden la verdadera fe y la predilección ser compatibles? Santiago asegura implícitamente que ¡no! Santiago obviamente estaba molesto con sus hermanos en Cristo debido a las inconsistencias de su fe. Ellos trataban con parcialidad a ciertas personas, y mostraban preferencia o acepción de personas.

Los judíos tendían a adorar las riquezas. En algunas sinagogas, los escribas y los rabinos tenían lugares especiales, "primeros asientos" (Mateo 23:6). A los judíos también les encantaba que los saludaran en público y fueron conocidos por las ropas que usaban (Marcos 12:38). En aquellos tiempos los ricos eran muy ricos y tenían todos los derechos; los pobres eran muy pobres y no tenían ningún derecho. Curiosamente, cuando en los Estados Unidos muchos gozan de igualdad de derechos, esta situación todavía prevalece en algunas partes del mundo.

Al empezar nuestra lección, ¿harías esta oración conmigo? "Señor, ayúdame a apreciar a la gente de la misma manera que tú lo haces, mirando mucho más allá de su apariencia exterior y mirando en realidad su corazón. Yo exclamo con el salmista, 'abre mis ojos'. Enséñame y guíame, querido Señor, Amén".

La manera en que se manifiesta la acepción de personas

Lee Santiago 2:1-7.

1. ¿Qué significa hacer "acepción de personas"?

2. Para los que creen en el glorioso Señor Jesucristo, ¿por qué no son compatibles la fe y la acepción de personas? Lee Hebreos 11:1.

---

*"Dos extranjeros llegan. Uno es obviamente rico, ya que está vestido con ropas muy finas y también lleva puesto un anillo de oro. Algunas traducciones dicen 'anillos de oro' lo cual puede ser correcto, porque la palabra del griego —*chrusodaktulios*— significa literalmente 'dedo de oro'. El tenía una piedra preciosa en cada coyuntura, una pepita de oro en cada nudillo. El otro hombre era obviamente pobre; no solamente le llamaron pobre sino que también su ropa andrajosa lo manifestaba. ¡Gran contraste presentaban estos visitantes: uno cubierto de anillos y el otro cubierto de andrajos!"*[1]

---

3. Describe lo que está pasando en los versículos 2 al 4, y relaciónalo a una situación que podría ocurrir en una iglesia hoy en día.

"¿Es una joya menos preciosa porque viene dentro de una caja sencilla? ¿Es una persona menos importante cuando tiene una mente limitada o se viste de una manera poco atractiva?"[2]

---

4. ¿Nos vemos fuertemente influidos por la posición social de la gente? Si tu respuesta es sí, ¿de qué manera?

5. ¿Qué malos pensamientos o motivos podríamos tener al mostrar atención especial a las personas adineradas?

6. (a) ¿Está Santiago indicando que solamente los pobres heredarán el cielo?

   (b) ¿Qué está diciendo? Lee 1 Corintios 1:26-27.

7. Santiago quería que los creyentes se dieran cuenta de que preferir a los ricos y despreciar a los pobres era malo y completamente irrazonable. ¿Cuáles tres preguntas hizo en los versículos 6 y 7?
   (a)

   (b)

   (c)

La manera en que se denuncia la acepción de personas

Lee Santiago 2:8-13.

Santiago ha demostrado a la gente que el hacer acepción de personas es irrazonable. Ahora establece que es pecado.

8. Podemos resumir los versículos 8 y 9 diciendo:

   Mostrar amor es_______________ ____ ___________.

   Hacer acepción de personas es _______________ ___ ______________.

9. (a) ¿Era la "ley real" una ley nueva para estas personas?

   (b) ¿Por qué? Lee Levítico 19:18.

10. ¿De qué manera se compara la "ley real" con los diez mandamientos en Éxodo 20:1-17?

11. "Amarás a tu prójimo como a ti mismo" es llamada la "ley real". ¿Por qué?

"El odio convierte a una persona en esclava, pero el amor nos libra del egoísmo y nos permite reinar como reyes. El amor nos habilita para obedecer la Palabra de Dios y tratar a la gente como Dios nos manda".[3]

---

12. ¿Qué significa el versículo 10 para ti?

13. Hacer acepción de personas no es una falta de poca importancia. Debemos darnos cuenta de la seriedad de este pecado. Santiago lo compara con dos pecados muy feos mencionados en el versículo 11. ¿Cuáles son?

14. ¿De qué manera nos hace libres "la ley de la libertad" ?

"El amor cristiano no significa que me debe gustar una persona y estar de acuerdo con ella en todo. Puede ser que no me gusten sus costumbres ni su vocabulario, y que yo no tenga el deseo de formar una amistad íntima con ella. El amor cristiano significa tratar a otros de la manera como Dios me ha tratado a mí".[4]

15. ¿Qué significan los versículos 12 y 13?

16. ¿Alguna vez has matado a una persona o has cometido adulterio? Puede que una pregunta de este tipo te ofenda mucho. Permíteme que te haga otra pregunta, "Muestras preferencias o acepción de personas?" Si este ha sido un problema en tu vida ¿apropiarías 1 Juan 1:9 y empezarías a hacer algunos cambios?

17. Si somos honestas con nosotras mismas, debemos reconocer que pecamos en esta área. Da algunos ejemplos de cómo hacemos acepción de personas en nuestra vida diaria.

De mi corazón

Al estudiar esta lección, tuve que preguntarme: "Tengo yo prejuicio en cuanto a ciertas personas, razas o clases de personas?" Yo pensé que no hasta que empecé a analizar mis actitudes y acciones. Cuanto más estudiaba esta lección, más culpable me sentía. Yo, de veras, hago acepción de personas, tal vez no intencionalmente, pero lo hago.

Tal vez tú, como yo, nunca te has dado cuenta de cuán grande es esta ofensa para Dios: ¡es pecado! Inconscientemente, tú y yo con frecuencia calificamos los pecados, diciendo que tenemos pecados pequeños y pecados grandes. Según nosotros, el chisme sería un pecado pequeño; matar, un pecado muy grande; hacer acepción de personas sería un pecado pequeño; el adulterio uno muy grande. Dios dice que desobedecer su Palabra (quebrantar la ley) es pecado; ningún pecado es pequeño para él. Solamente cuando yo muestre misericordia, la recibiré. Una vez leí: "La misericordia es un himno con muchas estrofas que se repite en su corazón". Ahora entiendo por qué no siempre tengo una canción en mi corazón.

De tu corazón

Al reflexionar en esta lección, ¿recuerdas a una persona en tu vida con quien no has sido misericordiosa, y a quien necesitas mostrar misericordia? ¿Qué harás al respecto?

Notas:
1. Blanchard, John. *Truth for Life* (Hertfordshire, Inglatierra: Evangelical Press, 1986), 118.
2. Blanchard, 118.
3. Wiersbe, 70.
4. Wiersbe, 70.

Lección 6

La Fe Exige Evidencias

Santiago 2:14-26

"Porque como el cuerpo sin espíritu está muerto, así también la fe sin obras está muerta" (Santiago 2:26).

En nuestra última lección aprendimos que practicar la "ley real" no nos deja ninguna excusa para hacer acepción de personas. En esta lección aprenderemos que ser poseedores de la fe no nos deja ningún pretexto para no hacer buenas obras.

Al comenzar esta lección, ¿harías esta oración conmigo? "Señor, ayúdame a recordar siempre que yo soy salvada por la fe y nada más. Ayúdame también a recordar que yo soy hechura tuya, creada para hacer buenas obras. En tu misericordia deja que yo sea utilizada en tu obra. Haz conmigo lo que tú quieras. Amén".

La fe profesante

Lee Santiago 2:14.

1. ¿Cuál es la diferencia entre la fe salvadora y la fe profesante?

2. ¿Somos salvadas por la fe o por las obras? Lee Efesios 2:8 y 9.

3. ¿Por qué piensan algunas personas que irán al cielo como resultado de sus buenas obras? Lee Mateo 7:21-23.

"Es un tremendo hipócrita el que declara con los labios lo que niega con la vida".[1]

4. Ya que somos salvas por la fe y no por las obras, ¿qué importancia tienen las obras en la vida de un creyente? Lee Efesios 2:10.

La frase "si alguno dice que tiene fe" es de gran significado para el entendimiento de los siguientes versículos. Este hombre afirma algo sin prueba ni evidencia. Él no tiene nada para probar que lo que dice es verdad.

5. ¿A qué tipo de fe se refiere Santiago en el versículo 14 cuando dice: "¿Podrá la fe salvarle?"

La fe muerta

Lee Santiago 2:15-20.

En el versículo 15 la palabra "desnudo" viene de la palabra griega *gymnos*, la cual también puede significar *pobremente vestidos.*

6. (a) ¿Está diciéndonos Dios que somos responsables de cuidar de toda persona necesitada que conocemos?

   (b) ¿Qué está diciendo?

7. Cuando una planta o un árbol está vivo, ¿cuáles son algunas cosas naturales que ocurrirán?

8. ¿De qué manera demuestra una persona que su fe es muerta? (vs.17-18)

"Una fe sin obras es una fe sin valor; ¡es improductiva, estéril, árida, muerta! Grandes afirmaciones pueden son hechas acerca de un cadáver del cual se supone ha revivido: pero si no se mueve, si no hay signos vitales, no hay latidos del corazón, si no se percibe el pulso, todavía está muerto. Las falsas declaraciones son silenciadas por la evidencia".[2]

9. (a) ¿Existe otra evidencia verdadera además de nuestra vida para manifestar que somos creyentes?

   (b) Si es así, ¿cuál es?

10. En el versículo 18 Santiago afirma que las palabras solas no son suficientes para probar que somos salvas. ¿Por qué no?

"Las buenas obras no te pueden salvar (Tito 3:5). Pero la ausencia de buenas obras pueden muy bien negar lo que tú proclamas tener (Tito 1:16)... Las personas pueden ser engañadas por un tiempo por tu profesión de fe, pero Dios nunca puede ser engañado. Sin el correcto conocimiento de él, 'todas nuestras justicias son como trapo de inmundicia' (Isaías 64:6)".[3]

11. Cualquiera puede decir que cree en Cristo. ¿A quién citó Santiago como ejemplo de esto?

El término "demonios" o "diablos" tiene su raíz en la palabra griega para "inteligencia". Santiago dijo que incluso los demonios entienden a Dios. Su teología es correcta. Ellos conocen los hechos, y estos les hacen temer; pero sus creencias no les benefician de nada. Su así llamada fe no es una fe salvadora, y no está asociada con las obras de la fe verdadera.

12. ¿Qué creen los demonios?

Marcos 3:11

Lucas 8:29-31

13. ¿Cómo describirías a un "hombre vano"?

"La evidencia de una conversión religiosa es la demostración de que hemos añadido una relación con Cristo y que hemos restado el pecado de nuestra vida (arrepentimiento). Por medio de lo que hacemos—nuestros hechos, nuestra obediencia—multiplicamos las evidencias a un mundo cansado. Lo que hacemos debe confirmar lo que decimos. Nuestros hechos son la evidencia de nuestro arrepentimiento. ¿Estás demostrando tu arrepentimiento al mundo por medio de tus hechos?"[4]

La fe viviente

Lee Santiago 2:21-26.

Santiago parece decir, "Yo voy a terminar mi mensaje con dos ilustraciones para probar mi afirmación".

14. Cuidadosamente lee los versículos 21-24. ¿Fue Abraham justificado (hecho justo ante Dios) por la fe más obras o por la fe que obra?

15. (a) ¿Fue Abraham justificado cuando ofreció a su hijo Isaac? Lee Génesis 15:4-6.

(b) ¿Abraham sacrificó a su hijo Isaac? Lee Génesis 22:6-13.

(c) ¿Cuál fue la obra de fe de Abraham? Lee Hebreos 11:19.

16. ¿Por qué usaría Dios a una prostituta para ilustrar la fe viva? (Tú puedes leer la historia de Rahab en Josué 2:1-22; 6:21-25).

17. Los versículos 24-26 podrían ser mal entendidos. Alguien podría deducir que somos salvos por medio de nuestras buenas obras. ¿Cómo sabemos que esto no es verdad? Lee Efesios 2:8-9.

18. La Biblia nunca se contradice a sí misma. ¿Qué es lo que Santiago está diciendo en estos versículos? (El versículo 26 es el resumen).

Posiblemente necesitas revisar tus signos vitales para ver si estás viva espiritualmente. ¿Te tomarías unos momentos para hacerte este pequeño examen espiritual?

- ¿Hubo un tiempo específico cuando tú con toda honestidad te diste cuenta de que eras una pecadora y le pediste al Señor Jesucristo que te salvara? ¿Cuándo ocurrió eso?
- ¿Cuáles cambios han ocurrido en tu vida desde entonces?
- ¿De qué manera estás tratando de crecer en las cosas de Cristo?
- ¿Cuáles obras pueden apreciar otros que sean evidencias de tu vida espiritual?

"No digas que tienes sangre de realeza en tus venas, y eres nacido de Dios, a menos que puedas probar tu linaje atreviéndote a ser santo".[5]

De mi corazón

Alguna vez te has sentido como si no fueras nadie y pensaste, "¿Qué puedo hacer yo para Cristo?" ¡Yo sí! Yo recuerdo cuando mi esposo me dijo que Dios lo estaba llamando para el ministerio. Y yo le dije, "¡De ninguna manera!" ¿Por qué tal reacción? Porque yo no podía cantar, ni tocar el piano, ni enseñar y ni siquiera orar en público. Después de cinco años de luchar con Dios, finalmente me di cuenta de que todo lo que él me estaba pidiendo era que fuera sumisa y fiel y que él haría lo demás. Yo le dije, "Está bien, Señor, no tengo nada para ofrecerte, pero si hay algo de mí que puedas utilizar, aquí está; úsalo como tú quieras".

Frecuentemente he compartido con las damas que Efesios 2:10 es un testimonio de mi vida. Esta es mi versión de ese versículo: "Yo soy su obra, creada en Cristo Jesús, para hacer buenas obras". Si hay alguna cosa en mi vida que Cristo puede usar, es por causa de su trabajo en mí, moldeándome y transformándome.

"Señor, ayúdame siempre a recordar que yo soy salva por la fe y nada más. Pero sabiendo que soy tu hechura, soy salva para servir".

De tu corazón

Al reflexionar en esta lección, ¿encuentras tu vida llena de religiosidad, pero vacía de una relación vital con Cristo? ¿Cómo describirías una relación vital con Cristo?

Notas:
1. Havner, Vance. *Day by Day* (Old Tappan, NJ: Fleming H. Revell, 1953), 212.
2. Walvoord, John F. y Roy B. Zuck, eds., *The Bible Knowledge Commentary* (Wheaton, IL: SP Publications, 1983), 825.
3. *Timeless Insights* (Atlanta: Walk Thru the Bible Ministries), junio 1991.
4. Morley, Patrick M. *I Surrender* (Brentwood, TN: Wolgemuth & Hyatt, Publishers, 1990), 15.
5. Blanchard citando William Gurnall. *Truth for Life*, 175.

Lección 7

Cuidado: Lenguas Fuera de Control

Santiago 3:1-8

"Y la lengua es un fuego, un mundo de maldad. La lengua está puesta entre nuestros miembros, y contamina todo el cuerpo..." (Santiago 3:6).

En el capítulo 2 Santiago escribió acerca de la fe vana y falsa. Ahora él toma un capítulo entero para tratar del daño causado por palabras que carecen de valor o palabras dichas sin pensar.

¿Has pensado en tu lengua como el timón de una nave o como el freno en la boca de los caballos o un fuego furioso que no puede ser controlado? Hoy vamos a ver el gran poder que tiene este, aparentemente insignificante, instrumento: la lengua.

Al comenzar esta lección, ¿harías esta oración conmigo? "Señor, es tan impresionante darme cuenta que yo llevo en mi boca un instrumento ¡tan poderoso! Yo puedo destruir la reputación y credibilidad de una persona con solamente pocas palabras ásperas; o salvar una persona del suicidio o la desesperación total con una palabra tierna. Enséñame a andar en el Espíritu cada día, para que así mi lengua pueda ser un instrumento de paz, y no de destrucción. Perdóname cuando fracaso. Amén".

La lengua es chiquita, pero poderosa.

Lee Santiago 3:1-5.

1. ¿Por qué dio Santiago esta advertencia a los maestros (v. 1)? Lee Proverbios 18:21.

2. ¿Cómo sabemos que nunca seremos tan maduros en la fe como para no ofender o tropezar con nuestras palabras? Lee 1 Corintios 10:12.

3. ¿Cómo podemos saber que estamos progresando espiritualmente respecto a nuestra lengua?

"Hace años, era la costumbre de los médicos al examinar a sus pacientes decir: 'Déjame mirar tu lengua'. Una mirada les indicaba si había enfermedad o no. Santiago dice al creyente: 'Déjame ver tu lengua', y este miembro tan chiquito revela la condición de nuestra salud espiritual".[1]

---

4. ¿Cómo ilustra Santiago el poder de las cosas pequeñas en los versículos 3 y 4?

5. ¿Cómo es la lengua semejante a un freno de caballo y un timón?

6. ¿Cómo controla la lengua todo el cuerpo?

7. ¿Cómo controla la lengua a otras personas?

8. Santiago todavía no ha identificado la lengua como buena o mala, solamente como poderosa. Describe algunas ocasiones cuando la lengua tuvo el poder de influir a otra persona para bien o mal.

   Para bien

   Para mal

> Una palabra descuidada puede encender contiendas;
> Una palabra cruel puede arruinar una vida.
> Una palabra áspera puede inspirar odio;
> Una palabra brutal puede herir y matar.
> Una palabra grata puede ablandar el camino;
> Una palabra gozosa puede iluminar el día.
> Una palabra oportuna puede disminuir la tensión;
> Una palabra amorosa puede sanar y bendecir.[2]

9. ¿Por qué es la lengua comparada al fuego en el versículo 5?

10. ¿Puedes pensar en un incidente cuando la lengua de una persona hizo un daño incalculable? ¿Cuál fue?

11. ¿Alguna vez ha aplastado o devastado a una persona tu lengua? ¿Te has dirigido a aquella persona para pedirle perdón? ¿Por qué se debe pedir perdón? Lee Mateo 5:23-24.

La lengua es traidora e indomable.

Lee Santiago 3:6-8.

12. Ahora Santiago dice que la lengua es como "un mundo de maldad". ¿Qué quiere decir esto acerca de la lengua?

13. ¿Cómo puede la lengua contaminar todo el cuerpo? (v. 6) Lee Mateo 15:11, 18-20 y Marcos 7:15.

14. ¿Puedes pensar en un ejemplo en tu vida o la vida de otra persona cuando una lengua desenfrenada contaminó a una persona?

"E inflama la rueda de la creación" es una frase difícil de entender. En los tiempos antiguos la rueda fue un símbolo del ciclo de la vida, desde el nacimiento hasta la muerte. Este versículo parece decir que no hay ni una parte de la vida que la lengua no pueda afectar: tampoco hay un tiempo en la vida que no pueda ser afectado por la lengua.

15. (a) ¿Puede el tiempo (el envejecerse) corregir los pecados de la lengua? (v. 6)

    (b) ¿Por qué?

16. El fuego puede ser domado, y también los animales. ¿Por qué no podemos domar la lengua? (vs. 7-8)

"Yo soy más mortífero que la bala del mortero que chilla. Yo gano sin matar, derribo hogares, rompo corazones y destruyo vidas. Yo vuelo en las alas del viento. Ninguna inocencia es suficiente para intimidarme, ninguna pureza es suficientemente pura para amedrentarme. Yo no tengo ningún aprecio por la verdad, ni respeto por la justicia, ni misericordia para los indefensos. Mis víctimas son tan numerosas como la arena del mar, y muchas veces tan inocentes. Nunca olvido y raras veces perdono. Mi nombre es Chisme".[3]

17. La lengua indomable se describe como "un mal que no puede ser refrenado, llena de veneno mortal". ¿Por qué son precisas estas descripciones?

Un mal que no puede ser refrenado

Llena de veneno mortal

"Una de las primeras cosas que sucede cuando un hombre está verdaderamente lleno del Espíritu Santo, no es que hable en lenguas, sino que aprende a controlar la única lengua que ya tiene".[4]

18. Siendo que nosotras no podemos controlar lo que hablamos, ¿quién puede ayudarnos? Lee Salmo 141:3.

De mi corazón

¿Has tenido a alguien que te acercaba a ti para contarte todo el dolor de su corazón? Yo sí. La persona tiene una vida llena de problemas y disturbios. Ella necesita ayuda, y me busca para darle las respuestas. Me da temor saber que ella va a hacer cualquier cosa que yo le diga, porque ella no sabe qué más hacer. Mis palabras tienen el poder de salvarla de la derrota total —o empeorar su vida—. Es imperativo que yo viva cerca de Jesucristo cada día para que el Espíritu Santo pueda guiarme cuando yo hable con los demás. Nunca puedo saber a qué hora del día o la noche alguien vendrá a mi puerta o me llame por teléfono clamando por ayuda.

"Señor, hazme recordar cada día que debo limpiar mi lengua con la Palabra de Dios para que pueda ser un instrumento de paz".

De tu corazón

Al reflexionar en la lección, ¿entiendes el daño que una lengua desenfrenada puede hacer? ¿Qué pasos vas a tomar para domar tu lengua?

Notas:

1. Coder, 2.
2. McGee, J. Vernon citando autor desconocido. *Thru the Bible with J. Vernon McGee* (Nashville, TN: Thomas Nelson, 1983), vol.5, 655.
3. Sweeting citando Morgan Blake. 77.
4. Blanchard citando J. Sidlow Baxter. *Gathered Gold*, 299.

Lección 8

¿Quedarías Aprobada en el Examen de la Lengua?

Santiago 3:9-18

"De una misma boca proceden bendición y maldición. Hermanos míos, esto no debe ser así" (Santiago 3:10).

En Santiago 2 aprendimos a examinar nuestra fe por medio de nuestras obras. En Santiago 3 examinaremos nuestra fe por medio de nuestra lengua. Haremos tres preguntas en esta lección para ver si podemos aprobar el examen de la lengua.

- ¿Hablo con una lengua dividida?
- ¿Muestra mi lengua la sabiduría terrenal, sensual y diabólica?
- ¿Muestra mi lengua la sabiduría del cielo?

Al empezar esta lección, ¿harías esta oración conmigo? "Señor, toma control de mi vida y hazme buscar cada día la sabiduría de lo alto. Yo quiero que los dichos de mi boca y la meditación de mi corazón sean gratos delante de ti (Salmo 19:14). Solamente entonces serán gratos a otros. Concédeme esta petición, amado Señor. Amén".

¿Hablo con una lengua dividida?

Lee Santiago 3:9-13.

1. Un dicho antiguo de los indios dice: "El habla con una lengua dividida". ¿Qué quiere decir?

2. ¿Cómo puede alguien maldecir a otra persona sin usar "palabras de maldición"? (v. 9)

"Hace poco escuché a alguien decir: 'El ejército cristiano es el único ejército en el mundo que mata a sus heridos'... Las personas que tienen más capacidad para ser bondadosas y amorosas, pueden ser también las más crueles y más criticonas".[1]

3. Si oramos que Dios maldiga a una persona, ¿qué revela esto acerca de nosotras? Lee 1 Juan 4:20-21.

4. ¿Qué es un hipócrita?

"Ananías y Safira eran hipócritas [Hechos 5:1-10]. Quizá el Señor no juzgará nuestra hipocresía tan rápida y dramáticamente como en el tiempo de la iglesia primitiva, pero cualquier forma de simulación lleva a la muerte... de la fe, de las relaciones, y del deseo de servir".[2]

5. ¿En qué manera es obvia la hipocresía si uno ama a Dios pero odia al hombre? (vs. 12-13)

6. ¿Cuál es la clave para estar seguro de que solamente bendiciones y no maldiciones salgan de nuestra boca? Lee Juan 3:16 y Gálatas 5:16-17.

¿Muestra mi lengua la sabiduría terrenal, sensual y diabólica?

Lee Santiago 3:14-16.

Santiago ahora hace un contraste entre la lengua del creyente prudente y el imprudente.

7. ¿Cuáles cosas en la vida de una persona le muestran que su sabiduría no es la de Dios? (v. 14)

"Antes de enojarte por las faltas de otra persona, cuenta hasta diez, ...diez de sus propias faltas".[3]

---

8. ¿Cómo puede la frase "no os jactéis, ni mintáis contra la verdad" (v.14) relacionarse con la envidia y las contiendas?

9. ¿Qué otra palabra significa envidia?

10. ¿En qué forma son semejantes los celos y las contiendas?

11. Define estas palabras que describen la sabiduría de este mundo:
terrenal

animal (sensual)

diabólica

12. ¿Cuál es el resultado final de la envidia y las contiendas? (v. 16)

13. ¿Cómo podemos saber que la confusión y el desorden en nuestra vida son resultados de la sabiduría de este mundo? Lee 1 Corintios 14:33.

"Cuando usamos la sabiduría de este mundo para hacer la obra de Dios, cuando usamos nada más que nuestro ingenio natural para alcanzar nuestras metas, o resolver argumentos a nuestro favor, el resultado será muy desilusionante. No solamente llega a ser nada aquí en la tierra, sino que nos lleva a nada en el cielo, porque será parte de las cosas que 'se quemarán' (1 Corintios 3:15). La sabiduría que viene del infierno no nos aprovechará nada en el cielo".[4]

¿Muestra mi lengua la sabiduría de lo alto?

Lee Santiago 3:13, 17-18.

Hemos visto un cuadro vívido de la sabiduría terrenal (falsificada). Ahora, veremos la descripción que hace Santiago de la sabiduría de lo alto (verdadera).

14. ¿Por qué puede la sabiduría verdadera ser llamada un don bueno y perfecto? (Santiago 1:17)

15. "La buena conducta" en versículo 13 puede ser traducida "buena vida". ¿Cómo mostramos a otros que vivimos una buena vida?

Algunos dicen que "ternura" sería una palabra buena para describir "mansedumbre", pero es una clase particular de ternura. Es una actitud que acepta los insultos y las heridas causados por otras personas, sin deseos de venganza, reconociendo que estos también están bajo el control soberano de Dios.

16. Cuando queremos un verdadero ejemplo de este tipo de ternura y mansedumbre, ¿a quién debemos mirar? Lee 2 Corintios 10:1.

17. ¿Cómo mostró Cristo mansedumbre, según 1 Pedro 2:21-23?

"Los enemigos de Pablo le hirieron con piedras; hay heridas causadas con palabras que son peores que piedras... ¿Y qué había hecho Pablo que mereció ser apedreado? Él estaba sacando hombres y mujeres del error, y trayéndolos a Dios —lo cual merece una corona valiosa, y no piedras. ¿Has sido insultado por alguien? Mantén tu paz, y bendice si puedes. En esta manera habrás predicado la Palabra de Dios, y dado una lección de ternura y mansedumbre".[5]

---

18. El versículo 17 describe la sabiduría de lo alto. Si tienes un diccionario de la Biblia, busca las palabras que siguen y escribe su definición, explicando cómo cada palabra se aplica a la lengua.

Puro

Pacífico

Amable

Benigna

Llena de misericordia

Buenos frutos

Sin incertidumbre

Sin hipocresía

¿Has aprobado el examen de la lengua? ¿Hablas con la sabiduría de lo alto?

19. (a) Lee nuevamente la definición de la sabiduría de Dios en el versículo 17. ¿Con qué nota te calificarías en una escala de 1 a 10? lo peor siendo 1 y lo mejor siendo 10.

1 2 3 4 5 6 7 8 9 10

(b) ¿Cuándo y dónde te es más difícil mostrar este tipo de sabiduría?

20. Lo que sembramos, segaremos (Gálatas 6:7). ¿De qué manera podemos tener paz en nuestra vida? (v. 18)

¿Siembras paz con tus palabras, o eres de aquellos que tienden a criticar? Si tienes dificultades para ser un pacificador, puede que te haga mucho bien leer esta oración de Francisco de Asís. Después de leerla, pídele a Dios que haga de esta oración una realidad en tu vida.

"Señor, hazme un instrumento de tu paz.
Donde haya odio, que siembre yo amor;
Donde haya ofensa, perdón;
Donde haya duda, fe;
Donde haya desesperación, esperanza;
Donde haya oscuridad, luz;
Donde haya tristeza, gozo".

De mi corazón

¿Alguna vez has estado a dieta? Probablemente obtenga una de estas dos respuestas: "Siempre estoy a dieta", o "no; necesito aumentar de peso". Parece que pocas de nosotras pueden alcanzar lo ideal y mantenerlo sin vigilancia. Pues sí, los programas de dietas y ejercicios son un estilo de vida muy común para muchas de nosotras que no queremos agrandar nuestras tallas cada año.

¿Alguna vez has pensado en la posibilidad de entrar en una "dieta de palabras"? Yo nunca había escuchado de una cosa semejante sino hasta hace poco. Permíteme explicártelo: una dieta de palabras es como una dieta de comida, limitando la cantidad de comida y comiendo solo lo que no engorda y que sea nutritivo. Del mismo modo, la dieta de palabras consiste en limitar la cantidad de tus palabras y mejorar la calidad de ellas. Esto de la dieta de palabras realmente suena muy interesante. Me parece además que debo intentarlo. Y tú, ¿qué opinas?

Alguien me entregó este pequeño verso cuando yo estaba enseñando acerca de la lengua: "Señor, llena mi boca de palabras valiosas, y dame un codazo cuando ya haya dicho lo suficiente".

"¡Sigue dándome codazos, Señor!".

De tu corazón

Al reflexionar en esta lección, ¿en qué problemas te has metido por no haber guardado tu lengua? Memoriza esta semana Proverbios 21:23.

Notas:

1. Johnson, Barbara citando Morgan McKenzie. *Fresh Elastic for Stretched Out Moms* (Old Tappan, NJ: Fleming H. Revell, 1986), 118.
2. *Timeless Insights* (Atlanta: Thru the Bible Ministries), febrero 1991.
3. Perry, Jo, editor. *Apples of Gold* (Norwalk, CT: The C. R. Gibson Co., 1962), 45.
4. Blanchard, *Truth for Life*, 215.
5. *Timeless Insights* citando John Chrysostom, febrero 1991.

Lección 9

Causas y Soluciones para las Disputas

Santiago 4:1-7

"Someteos, pues, a Dios; resistid al diablo, y huirá de vosotros" (Santiago 4:7).

El capítulo 3 de Santiago termina con estas palabras de consuelo: "Y el fruto de justicia se siembra en paz para aquellos que hacen la paz". Ahora Santiago hace un cambio de tema muy abrupto. El capítulo 4 empieza con "guerras y pleitos". Generalmente cuando Santiago empieza un nuevo tema, comienza con "hermanos míos"; pero no en esta ocasión. ¿Podría ser que en esta oportunidad él esté usando un tono de voz diferente? Santiago parece estar un poco alterado y preocupado con los conflictos en la vida de los hermanos.

La vieja naturaleza no ha cambiado en dos mil años. Nosotras todavía enfrentamos las mismas causas y soluciones para los conflictos y disputas. En esta lección consideraremos las causas, consecuencias y soluciones para las disputas.

Al comenzar, ¿harías esta oración conmigo? "Señor, mi vieja naturaleza es mi enemiga constante; siempre lista para levantar su cabeza fea para destruirme. Mientras busco tu rostro, dame la habilidad para ser más como tú y conseguir de ti lo que necesito para vencer el pecado de la carne. Gracias por hacerme recordar que debo resistir al diablo, y él huirá de mí. Amén".

La causa de las disputas

Lee Santiago 4:1 y 2.

1. ¿Qué implican las palabras "guerras y pleitos" en el versículo 1?

2. ¿Cuál es la causa principal de los conflictos y los pleitos? (v. 1)

3. Generalmente, ¿a qué le echamos la culpa por nuestras disputas?

4. Cuando hay guerra en el corazón de uno, ¿de qué manera causa guerra en los hogares y en las iglesias?

"Frecuentemente nosotros somos como un vaso de agua que ha permanecido por muchas horas en el mismo lugar y se ve muy cristalino y brillante. Pero hay sedimento, y un pequeño movimiento lo hace evidente y opaca el vaso. Ese sedimento es la vieja naturaleza".[1]

---

5. (a) Tú deseas algo pero no lo puedes tener, por eso matas para conseguirlo. Deseas algo pero no lo puedes tener, así que peleas para conseguirlo. ¿Qué palabra podríamos usar para describir el problema mencionado en el versículo 2?

   (b) ¿De qué manera demuestras egoísmo en tu vida?

6. ¿De qué manera puede un creyente matar a una persona sin usar un arma de fuego?

7. (a) ¿Qué demuestran los conflictos y pleitos en la vida de un creyente? Lee 1 Corintios 3:3.

   (b) ¿Cuáles son algunas señales de carnalidad que existen en tu vida?

8. Cuando nuestro corazón está lleno de egoísmo, la vida se convierte en un círculo vicioso de búsqueda, sin jamás hallar satisfacción. ¿Cuáles son dos causas de esto en los versículos 2 y 3?

9. Cuando las personas están disputando, ¿por qué no oran?

> Vive el hombre desprovisto,
> De paz, gozo y santo amor;
> Esto es porque no llevamos,
> ¡Todo a Dios, en oración!

Las consecuencias de las disputas

Lee Santiago 4:3-5.

10. Si quienes están peleando deciden orar, ¿qué clase de oración sería? (v. 3)

11. Oí de este método para revisar nuestras oraciones: "Explícale a Dios por qué deseas aquello por lo cual oras y también cuéntale de qué manera intentas usarlo." ¿Cómo podría ayudarte esto para evitar que pidas mal?

12. ¿Cuál es la condición indispensable para que Dios conteste nuestras oraciones? Lee 1 Juan 5:14.

Tu voluntad, no la mía, Señor.
¡A pesar de lo oscuro que sea!
Guíame con tu mano,
Escoge tú mi camino.
No me atrevo a elegir mi destino;
No lo haría, aunque pudiera;
Elige tú por mí, mi Dios;
Sólo así, caminaré, acertadamente.[2]

13. (a) ¿De qué manera se dirige Santiago a sus lectores en el versículo 4?

(b) ¿Qué te enseña esto acerca de la conducta de ellos?

14. Del versículo 4, ¿cómo sabemos que Santiago estaba hablando a la gente descrita en Santiago 3:14-16?

15. La amistad con el mundo se considera adulterio espiritual. ¿Por qué? Lee 2 Corintios 11:2-3.

16. Un cónyuge infiel abandona a su compañera para satisfacer un deseo de su carne con otra compañera. ¿De qué manera demuestra un creyente la infidelidad a Cristo?

"Jesús no oró para que su Padre quitara a los creyentes del mundo, sino para que el mundo fuese quitado de los creyentes".[3]

La solución para las disputas

Lee Santiago 4:6 y 7.

17. (a) ¿Qué es gracia?

(b) ¿A quién le es dada? (v. 6)

18. Si somos demasiado orgullosas para humillarnos y confesar nuestro pecado y reconocer que necesitamos más gracia, ¿qué hará Dios con nosotros?

19. Si nosotras estamos atrapadas por la mundanalidad, ¿qué debemos hacer para ser libradas?

"La conformidad al mundo no puede ser vencida por nada menos que la conformidad a Jesús".[4]

20. (a) ¿Qué significa resistir al diablo?

(b) ¿De qué manera lo hacemos? Lee Efesios 6:13-17.

"Con frecuencia me río de Satanás, y no hay nada que le moleste tanto como cuando que yo le ataque cara a cara, y que le diga que por medio de Dios soy más fuerte que él".[5]

De mi corazón

Satanás es mi enemigo. A él le encantaría engañarme haciéndome creer que yo estoy viviendo para Dios, cuando en realidad estoy asemejándome poco a poco más al mundo en vez de a Cristo. Yo debo pedir a Dios cada día que examine mi corazón y que vea "si hay en mí camino de perversidad" (Salmo 139:23-24). Frederick W. Faber expresó muy bien este pensamiento:

Solamente una cosa, Querido Señor, temo;
—Tener un lugar secreto
Que separe mi alma de ti,
Y que ni yo mismo lo sepa. [6]

Este mundo no es un ambiente donde fácilmente podamos asemejarnos a Cristo. Pero ya que "él nos da más gracia", es posible. Cualquier cosa que me acose, su gracia es suficiente para salir triunfante.

Su gracia es mayor si las cargas aumentan;
Su fuerza es mayor si la prueba es más cruel;
Si es grande la lucha, mayor es su gracia,
Si más son las penas, mayor es su paz.[7]

¡Qué regalo más maravilloso nos ha dado Dios, su gracia —amor en acción—!

De tu corazón

Al reflexionar en esta lección, ¿está el egoísmo causando conflictos en tu vida? ¿Qué está haciendo Dios en tu vida para cambiar tu voluntad?

Notas:
1. Carter citando Charles Spurgeon. 131.
2. Tileston citando Horatius Bonar. 87.
3. Blanchard. *Gathered Gold*, 337.
4. Blanchard citando Andrew Murray. *Gathered Gold*, 338.
5. Carter citando Martin Lutero. 58.
6. Tileston citando Frederick W. Faber. 244.
7. Al Bryant, editor citando Annie Johnson Flint. *Favorite Poems* (Grand Rapids, MI: Zondervan, 1957), 68.

Lección 10

Examínate a Ti Misma y No a Otros

Santiago 4:8-17

"Acercaos a Dios, y él se acercará a vosotros..." (Santiago 4:8).

En la lección anterior vimos dos instrucciones para aquellos que están atrapados en la mundanalidad: Someteos a Dios y resistid al diablo. Santiago da seis advertencias más a los creyentes. El nos dice cómo debemos regresar al camino y cómo debemos permanecer en él.

Al empezar esta lección, ¿harías esta oración conmigo? "Señor, ¡estoy asombrada! Tú conoces todas mis faltas y mis fracasos, y aun así tú quieres estar a mi lado. Allí te paras con tus brazos abiertos. Todo lo que yo tengo que hacer es dar el primer paso hacia ti. Gracias, Señor, por tu inagotable amor. Amén".

Acércate a Dios, limpia tus manos y tu corazón.

Lee Santiago 4:8.

1. Guardando en mente que Santiago escribió a creyentes, ¿qué implica la palabra "pecadores" en el versículo 8?

2. (a) ¿Qué debemos hacer para sentir la presencia de Dios en nuestra vida?

   (b) ¿Cómo se acerca uno a Dios?

3. ¿Qué demanda de nosotras el acercarnos a Dios?

4. (a) "Limpiad las manos" no tiene nada que ver con la higiene personal. ¿Qué les indicaba las manos sucias a los judíos a los cuales escribía Santiago? Lee Éxodo 30:17-21 y Salmo 24:3-4.

   (b) ¿Qué significa para ti manos limpias, corazón limpio y mente resuelta?

5. ¿De qué manera el doble ánimo ilustra un corazón impuro?

"El demonio no te tocará a menos que te alejes de Dios. Un lobo nunca ataca a una oveja mientras esté junto con las demás ovejas y junto al pastor. Y cuanto más cerca esté la oveja al pastor, más segura estará. Nuestro problema es que nos alejamos demasiado de Dios".[1]

Requisitos para el arrepentimiento

Lee Santiago 4:9.

6. ¿Cuáles cinco mandatos se dan en este versículo?

   (a)

   (b)

   (c)

   (d)

   (e)

7. Estas no son palabras frívolas, más bien todo lo contrario, palabras severas. ¿Por qué deben los creyentes seguir estas instrucciones?

La humildad trae honor.

Lee Santiago 4:10.

8. Santiago señala con precisión lo que debemos hacer. ¿Qué es?

9. Cuando Santiago dice, "humillaos", ¿qué nos está pidiendo?

"El camino hacia arriba es para abajo. El humilde llega a ser ensalzado. Hay un beneficio notable en la humildad, —con el tiempo trae honra".[2]

---

10. En términos prácticos, ¿qué significa para un descarriado humilde el ser exaltado?

"El alfarero se sienta para realizar su trabajo, dando vueltas a la gran rueda de piedra con su pie mientras forma la arcilla en la rueda pequeña de madera... Aquellos jarrones o vasos que salieron malogrados, algo toscos o ásperos, no fueron desechados, ni mucho menos puestos a un lado para dar preferencia a aquellos que sí salieron perfectos. ¡Fueron nuevamente formados!"[3]

¿Quién te hizo juez?

Lee Santiago 4:11-12.

11. ¿Por qué Santiago menciona las murmuraciones y el juzgar inmediatamente después de describir la manera como nosotras podemos ser hechas justas delante de Dios?

No difundes las faltas de otros
Hasta que hayas corregido las tuyas propias;
No vayas chismeando de los pecados de tu vecino
Hasta que hayas alcanzado la perfección:
Entonces, cuando tu alma es lo suficientemente pura
Para soportar mis ojos escudriñadores sin avergonzarte
Puede ser que llegue el momento para acusar a tu hermano.[4]

12. ¿Por qué no debemos murmurar ni juzgar a nuestros hermanos? Da cuatro razones:

(a)

(b)

(c)

(d)

¿Tienes suficiente sabiduría para planear tu vida?

Lee Santiago 4:13-16.

13. Santiago se dirige a las personas muy orgullosas que no toman en cuenta a Dios cuando hacen sus planes. Nuevamente habla de la necesidad de ser humildes. Un comentarista de la Biblia dice que el versículo 13 es "ateísmo práctico". ¿Qué crees que él quiere decir con eso?

14. ¿Cuál es el factor decisivo que debemos considerar en todos nuestros planes? (v. 15)

15. (a) ¿Está diciendo Santiago que debemos añadir "Dios mediante" a cada frase que hablamos?

    (b) ¿Qué nos está diciendo?

"La vida cristiana es difícil porque buscamos la bendición de Dios pero vivimos haciendo nuestra propia voluntad. Hacemos nuestros propios planes y escogemos nuestro trabajo, y luego le pedimos a Dios su bendición".[5]

---

16. ¿En qué manera es la vida semejante al vapor?

17. El impío no solamente planea su futuro sin Dios, sino que además se jacta de ello. ¿Cuáles son las palabras que le escucharías decir?

Tú ya sabes lo que tienes que hacer: ¿Lo harás?

Lee Santiago 4:17.

Hemos aprendido muchas maneras de aumentar nuestra fe en estos cuatro capítulos de Santiago. ¿Qué haremos con lo que hemos aprendido?

18. Piensa nuevamente en los cuatro capítulos de Santiago. Haz una lista de siete cosas que sabes que Dios quiere que hagas.

    (a)

    (b)

(c)

(d)

(e)

(f)

(g)

19. (a) Ahora que ya sabes estas cosas: ¿qué es tu responsabilidad?

(b) ¿Qué sucederá si no haces nada?

"La gente no se hace perfecta escuchando o leyendo acerca de la perfección. Lo más importante será no escucharse a sí mismo, sino más bien escuchar a Dios en silencio... Ya sabes mucho, pero no lo practicas. Es mucho menos necesario adquirir conocimiento nuevo que poner en práctica aquello que ya sabes".[6]

De mi corazón

"Acercaos a Dios y él se acercará a vosotros".

Algunas veces me siento muy cerca de Dios, pero no estoy tan segura de que él esté cerca de mí. ¿Por qué? Porque parece que él me envía cosas para dañarme en lugar de ayudarme. ¿Podría ser que estas cosas me duelen porque yo no quiero aceptarlas? ¿Podría ser que yo misma esté resistiendo su voluntad para mí? Me parece que así es. Jesucristo dijo, "Porque mi yugo es fácil, y ligera mi carga" (Mateo 11:30). El yugo es usado para unir a dos bueyes para que así puedan trabajar como si fueran uno solo. De la misma manera es con Cristo. Si yo acepto su yugo todo será más fácil. Pero si, por el contrario, trato de alejarme, es entonces cuando sufro daño. ¿Cuál es el yugo de Cristo? Cualquier cosa que él ponga sobre mí para mantenerme cerca de él y trabajar unidos.

"Acercaos a Dios y él se acercará a vosotros".

¿Te diste cuenta de quién es el que tiene que dar el primer paso? Es lo mismo cuando se trata de permanecer junto a él. Él nos dice en Mateo 11:29, "Llevad mi yugo sobre vosotros". Nuevamente, ¿quién debe tomar la iniciativa para permanecer cerca a Dios? Yo debo dar el primer paso. Después de que él pone su yugo sobre mí — y es mucho más pesado de lo que esperaba— ¿de qué manera responderé? ¿Lo aceptaré, o lo desecharé y sentiré que me está haciendo daño? Recuerda las palabras de Amy Carmichael: "En la aceptación, existe la paz" (p. 16).

"Señor, ayúdame a recordar que no puedo acercarme a ti y alejarme de ti al mismo tiempo. Ayúdame a aceptar tu yugo para poder permanecer a tu lado."

De tu corazón

Al reflexionar en la lección, ¿has aprendido lo que significa acercarse a Dios? Si no te sientes cerca de Dios, ¿qué podrías hacer para cambiar tal situación?

Notas:

1. McGee, 662.
2. Walvoord y Zuck, 831.
3. Kaiser, Walter C. "Digging Deeper" (*Moody Monthly*, abril 1991), 30.
4. Tileston citando Lyra Mystica. 13.
5. M. J. Shepperson, ed., *Day by Day with Andrew Murray* (Minneapolis: Bethany House, 1961), 13-14.
6. Tileston citando Francois de la Mothe Fenelon. 171.

Lección 11

La Fe Aumentada Espera Pacientemente

Santiago 5:1-12

"Tened también vosotros paciencia, y afirmad vuestros corazones; porque la venida del Señor se acerca" (Santiago 5:8).

Santiago introduce el capítulo cinco con algunas palabras muy ásperas para los ricos malvados (5:1-6). ¿Estaría hablando a los ricos que se mencionan en el capítulo 2, versículos 6 y 7? Aquellos ricos afrentaban a los pobres, los oprimían y los demandaban ante los tribunales.

En los próximos seis versículos (7-12) Santiago consuela a los hermanos y los anima a ser pacientes, ya que "la venida del Señor se acerca".

Antes de que iniciemos nuestro estudio, ¿harías esta oración conmigo? "Señor, tú sabes cuán difícil puede ser nuestro peregrinaje aquí. Ayúdanos a recordar, cuando el camino se hace áspero y duro, que algún día ¡valdrá la pena! Sólo una mirada de tu bendita cara y todas las penas serán borradas. Haznos capaces para seguir la carrera pacientemente hasta que te veamos cara a cara. Amén".

Los ricos se hacen más ricos.

Lee Santiago 5:1-3.

1. ¿Cómo defines el materialismo?

2. ¿Está Santiago condenando a estas personas por ser ricas o por ser materialistas?

3. (a) ¿De qué manera describen estos versículos no solamente el materialismo sino también el estilo de vida excesivo y lujoso?

   (b) Describe este estilo de vida en el mundo actual.

   (c) ¿De qué manera ha sido tu vida afectada por el materialismo?

El dinero es engañoso porque trae un sentido falso de seguridad.
El dinero puede comprar una cama, pero no te puede dar descanso.
El dinero puede comprar comida, pero nunca puede satisfacer el alma.
El dinero puede comprar lujos, pero nunca podrá comprar contentamiento.
El dinero puede ser invertido en acciones, pero nunca puede dar seguridad.
El dinero puede comprar una casa, pero no puede comprar un hogar.
El dinero puede comprar una iglesia, pero nunca podrá comprar un Salvador.

4. ¿Qué lecciones debemos aprender de los versículos 1 al 3?

Los pobres se hacen más pobres.

Lee Santiago 5:4-6.

5. Las personas ricas que describe Santiago no solamente eran egoístas y necias, sino también pecadoras y malvadas. ¿Qué hacían ellas contra los pobres? (v. 4)

6. Estos creyentes maltratados no se levantaron contra sus patrones ni se vengaron. ¿Qué hicieron?

7. Los ricos vivían engordando sus "corazones como en día de matanza". ¿Qué implica el versículo 5?

Ten paciencia; el Señor viene pronto.

Lee Santiago 5:7-8.

8. (a) En lugar de vengarse o desquitarse, ¿qué pidió Santiago que hicieran los pobres?

   (b) ¿Por qué?

"Vive ahora como habrías deseado que hubieras vivido cuando estés de pie frente al tribunal de Cristo".[1]

---

9. Una de las cosas más difíciles que Dios nos pide es ser paciente en medio de las pruebas. ¿Hay una prueba en tu vida que está aumentando tu fe y Dios sigue estirándola diciendo "ten paciencia"?

10. "Afirmad" en el versículo 8 significa *fortalecer*. ¿De qué manera la esperanza de la venida de Cristo puede fortalecer nuestro corazón?

Si pudiéramos ver más allá de hoy,
De la misma forma en que Dios ve,
Si todas las nubes se desvanecieran,
Y las sombras huyeran;
Nuestras penas actuales no nos molestarían,
Cada pena la olvidaríamos pronto;
Pues muchas alegrías nos esperan
A ti y a mí.

Solemos decir si pudiera ver, si pudiera saber.
Pero Dios en amor, opaca nuestros caminos.
No podemos ver lo que viene
Y así nos acercamos más y más al Señor.
El nos guía hasta el fin de esta vida;
Confía y obedece.[2]

No te impacientes.

Lee Santiago 5:9.

11. ¿Por qué somos tan propensas a murmurar, quejarnos y juzgar unos a otros cuando estamos en medio de una prueba?

12. Santiago habló de juzgarnos unos a otros en el capítulo cuatro; ahora él comenta sobre el juicio de Dios. ¿Qué advertencia nos da Dios en cuanto a juzgar? Lee Romanos 14:10, 13.

Ejemplos de la paciencia

Lee Santiago 5:10 y 11.

"Hay muchas situaciones que Dios no arregla precisamente porque nos ama. En lugar de sacarnos del problema... él clama: 'Esta es una parte necesaria del peregrinaje. Aun cuando sea la parte más dolorosa, es solamente una parte, y no durará toda la vida. Recuerda a dónde te estoy dirigiendo. Recuerda lo que vas a encontrar al final —un hogar, un refugio y un cielo—'".[3]

---

13. "El Señor es muy misericordioso y compasivo". ¿Qué nos dice esto con relación a sufrir pacientemente? Lee 1 Corintios 10:13.

14. Cuando hablamos de pruebas y paciencia, ¿qué hombre piadoso del Antiguo Testamento generalmente viene a nuestra mente?

15. Job soportó mucho y permaneció firme en su sufrimiento. Sin embargo, algunas veces estuvo impaciente con Dios (ve Job 10:1-10). ¿Cómo demostramos nuestra impaciencia con Dios cuando las pruebas continúan indefinidamente?

Sé siempre sincero en lo que dices.

Lee Santiago 5:12.

Santiago ha estado enseñando a los creyentes a tener paciencia en el sufrimiento. Ahora les recuerda que deben ser pacientes, pero también cuidadosos con su hablar.

"El corazón de cada hombre es un almacén, y sus palabras muestran lo que tiene almacenado ahí. Lo que se dice en el momento, sin reflexión, algunas veces es mejor evidencia del carácter de un hombre que aquello que dice premeditadamente. Lo que dice deliberadamente pudiera ser hipocresía calculada".[4]

---

16. Los judíos eran muy buenos en el uso de juramentos para respaldar lo que afirmaban, pero ellos evitaban el uso del nombre de Dios para que no blasfemaran contra él. ¿Qué opina Dios respecto a estos juramentos y palabras innecesarios?

17. ¿Cuáles son algunas declaraciones vanas que los creyentes usan para enfatizar sí o no?

18. (a) Busca la palabra "eufemismo" en un diccionario y escribe la definición.

(b) ¿Qué eufemismos o juramentos usan algunos creyentes?

(c) ¿Piensas que es correcto usar las siguientes expresiones? "Santo Cielo", "Ay, Dios", "Virgen Santísima", "Dios Mío"

19. El versículo 12 dice: "para que no caigáis en condenación". Mucha gente estará avergonzada delante de Cristo (Mateo 12:36-37; 1 Juan 2:28). ¿Estás usando palabras o juramentos que debes eliminar? Escribe cuáles son y pídele a Dios que te ayude a borrarlos de tu vocabulario.

De mi corazón

¿Te gusta la palabra "espera"? La mayoría de las veces que la escucho me irrita porque generalmente estoy apurada. A nuestra sociedad tampoco le gusta esperar. Queremos las cosas rápidas, y si fuera posible, instantáneas. En la actualidad nosotras vivimos en la época del budín instantáneo, las comidas hechas en los microondas, los cajeros automáticos, el teléfono, el correo electrónico, el fax... la lista es interminable.

Pero Dios nos dice: "Nosotros consideramos felices a aquellos que sufren", pero no simplemente que sufren, sino que sufren pacientemente. Para decir la verdad, he encontrado muy difícil soportar los sufrimientos y las pruebas pacientemente; pero he aprendido una cosa que lo hace más fácil. Cuando estoy empezando a sentirme frustrada, trato de recordar, "Esto no durará toda la vida, pero si así sucediera, esto no es mi último hogar. Yo solamente estoy de paso. Cristo puede venir hoy mismo, y entonces estaré en mi destino final, el cielo".

Nosotras podemos sobrellevar cualquier cosa por un día —siempre y cuando sepamos que no durará para siempre—. Por eso mantén la mirada en las cosas de arriba y no en las de la tierra (Colosenses 3:2). Hoy puede ser nuestro último día aquí, e iremos a nuestro hogar final, el cielo.

De tu corazón

Al reflexionar en esta lección, ¿estás esperando la venida de Cristo? ¿En cuáles ocasiones anhelas más ir al cielo?

Notas:

1. Whitcomb, Norma y Frances Randall citando William Culbertson. *Food for Thought* (Grand Rapids, MI: Baker, 1973), 74.
2. Sweeting, 138-139.
3. Elliot, *Loneliness*, 89.
4. Strauss citando Alfred Plummer. 199.

Lección 12

Una Mirada Final a las Aflicciones

Santiago 5:13-20

"¿Está alguno entre vosotros afligido? Haga oración. ¿Está alguno alegre? Cante alabanzas" (Santiago 5:13).

Santiago está a punto de terminar su carta, pero yo confío en que el impacto de lo que hemos aprendido no terminará. Él ha tratado muchos asuntos y ha mencionado casi cada aspecto de la vida cristiana en estos cinco capítulos cortos. Él termina su carta recordándonos acerca de la importancia de la oración y del cuidarnos unos a otros.

Al empezar esta lección, ¿harías esta oración conmigo? "Señor, si mi boca estuviera continuamente llena de oraciones y alabanzas, mi vida estaría continuamente llena de paz y gozo. ¡Oh, cuánto deseo eso! Hazme recordar que cuando las cosas sin valor o aquellas que hacen daño llenen mi corazón y mi mente, yo debo reemplazarlas con oraciones y alabanzas. Señor, humildemente pido tu gracia y fortaleza para hacer esto. Amén".

Cuándo orar y cuándo alabar

Lee Santiago 5:13-15a.

1. ¿Cuáles son dos grandes debilidades en la vida de los creyentes?

2. ¿Por qué descuida la gente la oración y la alabanza?

3. Nuestra respuesta natural frente a las aflicciones y sufrimientos debería ser la oración. Sin embargo, generalmente, ¿qué hacemos primero?

El significado literal de la palabra "aflicción" es *sufrir los malos golpes del mundo.*

4. La Biblia nos anima a orar cuando estamos sufriendo o cuando estamos en gran confusión. ¿Por qué?

   Salmo 50:15

   1 Pedro 3:12

La palabra original para alegre es *euthumei*. La palabra denota una profunda sensación de bienestar, no una euforia superficial.

5. ¿Por qué nos anima la Biblia a cantar alabanzas al Señor cuando todo va bien?

   1 Crónicas 16:8-10

   Colosenses 3:16-17

> En cada alegría que corona mis días,
> En cada dolor que soporto,
> Mi corazón encontrará deleite en la alabanza,
> O buscará alivio en la oración.[1]

En los versículos 13 y 14 Santiago parece estar hablando a tres grupos de personas:

- Aquellos que sufren (afligidos) —ellos deben orar.
- Aquellos que están satisfechos (alegres) —ellos deben alabar.
- Los enfermos (gravemente) —ellos necesitan oración especial.

(Los estudiosos de la Biblia difieren en sus interpretaciones de los versículos 14 y 15. Algunos dicen que "enfermo" se refiere a aquellos que están débiles, y no necesariamente a aquellos que están enfermos físicamente. Otros dicen que "enfermo" sí se refiere a enfermedades muy graves del cuerpo, y otros dicen que esta enfermedad es por causa del pecado como en 1 Corintios 11:30).

6. (a) ¿Tiene Dios la intención de sanar a todos?

   (b) ¿De qué manera prueban o no tu respuesta estos versículos? 2 Timoteo 4:20; Filipenses 2:25-27; 2 Corintios 12:7-10

"Algunas veces Dios da inesperadas respuestas a nuestras oraciones... Por mucho tiempo pareciera que Dios no nos responde absolutamente nada. Entonces, cuando finalmente responde, lo que él dice es todavía más misterioso que su aparente falta de escuchar nuestras oraciones... Pero las Escrituras nos enseñan que Dios algunas veces responde a nuestras oraciones dejando que todas las cosas empeoren, antes de que empiecen a mejorar. A veces él puede hacer todo lo contrario de lo que nosotros esperamos... Debemos estar siempre preparados para lo inesperado cuando tratamos con Dios".[2]

---

7. Pablo pidió tres veces ser sanado.
   (a) ¿Fue por falta de fe que no se sanó?

   (b) ¿Qué razón nos da 2 Corintios 12:7-9?

"¿Por qué algunos... héroes de la fe fueron liberados mientras que otros fueron atormentados?— ¿Acaso porque algunos tuvieron fe y otros no? ¡No! Todos tuvieron fe. Todos creían en el mismo Dios, pero la voluntad de Dios no se cumplió de la misma manera en todos".[3]

8. Santiago no dijo que un enfermo debería llamar a un "sanador". ¿A quién dijo él que se debería llamar?

9. Cuando los ancianos llegaban a la casa del enfermo, ¿que deberían hacer?

10. El aceite fue considerado medicinal en los tiempos bíblicos (ve Lucas 10:34). Sabemos que el aceite no era la causa principal de las curaciones. Entonces, ¿qué era?

11. Algunas personas suponen que la sanidad está garantizada por las palabras en el versículo 15: "la oración de fe salvará al enfermo". ¿Por qué Santiago no añadió las palabras: "Dios mediante"?

"Algunas veces queremos cosas que no están destinadas para nosotros. Ya que nos ama, el Padre dice "no". La fe confía en ese "no". La fe está dispuesta a no tener lo que Dios no desea dar. Además, la fe no insiste en una explicación. Es suficiente conocer su promesa de dar lo que es bueno. Él sabe mejor que nosotros lo que nos conviene".[4]

Confesando pecados y faltas

Lee Santiago 5:15b-16a.

12. Santiago sabía que posiblemente el enfermo necesitaría tratar con otro problema. ¿De qué clase de sanidad habló Santiago en el versículo 15b?

13. (a) ¿A quién debemos confesar nuestros pecados para ser perdonados? Lee 1 Juan 1:9.

(b) ¿A quién debemos confesar nuestras faltas cuando hemos ofendido a alguien o somos ofendidos por alguien?

La oración eficaz

Lee Santiago 5:16b-18.

14. ¿Qué clase de oración es eficaz? Lee también Proverbios 15:29.

15. Repasa Santiago 4:15. ¿Qué debemos guardar en mente cuando oramos?

16. ¿Por qué piensas que Santiago usó la ilustración de Elías como un ejemplo de la oración eficaz? (vs. 17-18)

Salvando a un hermano

Lee Santiago 5:19 y 20.

Santiago se ha referido a los hermanos 14 veces, y él termina su carta con la palabra "hermanos". Él ha enseñado a sus hermanos creyentes, los ha reprendido, desafiado y advertido. Ahora los desafía y los anima una vez más.

La palabra "extraviado" se refiere a una persona errante, vagabunda. No es algo repentino, sino como un lento alejamiento con la marea.

17. Santiago no dice que sus lectores se han extraviado de la iglesia, sino de la "verdad". ¿Por qué es esto tan peligroso?

18. ¿De qué manera puede un hermano en Cristo ayudar a su hermano descarriado a volver a la verdad ("haga volver al pecador")? Lee Gálatas 6:1-4.

19. No importa cuán lejos se desvía un descarriado, si todavía es sensible a su pecado, puede ser restaurado. ¿Qué hará Dios con la multitud de sus pecados? Lee Salmo 103:12.

"Nosotros necesitamos de la ternura de Santiago para con nuestros hermanos y hermanas en Cristo que se han extraviado. Tal pasión no permitirá que vayamos chismeando de ellos, ni que nos hagamos indiferentes a ellos; sino todo lo contrario, nos acercará a ellos con todo amor. El cristianismo bíblico tiene un mensaje de amor divino para los incrédulos, pero nada impactará más a aquellos que no conocen a Cristo como Salvador que el ver a los creyentes amando y restaurando a sus hermanos que han caído. Este es realmente el Espíritu de nuestro Señor Jesucristo".[5]

---

20. ¿Alguna vez te has apartado de la verdad? ¿Cómo sucedió? ¿Quién te ayudó a regresar? ¿Qué harías para ayudar a alguien que se ha extraviado de la verdad?

De mi corazón

Santiago me ha enseñado muchísimo. He visto con mucha claridad cómo puedo lograr madurez espiritual. La madurez espiritual involucra todos los aspectos de mi vida, y Santiago ha enseñado sobre cada área; desde las pruebas hasta la lengua, desde la sumisión hasta el uso del dinero, desde la lectura de la Biblia hasta la crítica, desde la tentación hasta la oración. No creo que él haya pasado por alto a nada. Ahora la pregunta es, ¿qué haré con todo lo que he aprendido? Me acuerdo de nuevo de mi versículo para este año: "Pero sed hacedores de la palabra y no tan solamente oidores, engañándoos a vosotros mismos" (Santiago 1:22).

Ahora soy más responsable porque sé mucho más de la verdad que antes. ¿Haré estas lecciones parte de mi vida, o guardaré mi cuaderno y diré, "Este fue un gran estudio"? Yo quiero ser un "hacedor" de la palabra, y por la gracia de Dios y con su ayuda, yo lo seré. Debo recordar Santiago 4:17: "Y al que sabe hacer lo bueno, y no lo hace, le es pecado".

Quiero terminar esta serie de lecciones con una declaración que hice para introducirla: "Él (Santiago) dio una descripción vívida de las características de un creyente en sus palabras, acciones, sentimientos y en el manejo de sus bienes. El libro de Santiago hará que nuestra fe se aumente al máximo".

Mi fe ha sido aumentada, ¿y la tuya?

De tu corazón

Al reflexionar en esta lección, ¿cómo calificas la oración y la alabanza en tu vida? ¿En cuál área necesitas mejorar más?

¡Que Dios te bendiga y continúe aumentando tu fe!

Juanita

Notas:

1. Strauss, 211.
2. Lloyd-Jones, D.Martyn. *Faith Tried and Triumphant* (Grand Rapids, MI: Baker, 1987), 10-11.
3. Sweeting, George. 153.
4. Elliot, *A Lamp for My Feet*, 52.
5. Strauss, 227.

Instrucciones para la Guía

Sugerencias para las Líderes

La eficacia de un grupo de estudio bíblico por lo general depende de dos cosas: (1) la líder misma, y (2) el compromiso de las señoras a prepararse de antemano e interactuar durante el estudio. Tú no puedes controlar totalmente el segundo factor, pero sí tienes total control sobre el primero. Estas breves sugerencias te ayudarán a ser una líder de estudio bíblico efectiva.

Debes tratar de preparar la lección con una semana de anticipación. Durante la semana, lee material suplemental. Los libros de los cuales se han tomado las citas y que están anotados en la sección de notas de cada lección son buenos suplementos, al igual que artículos de revistas y comentarios bíblicos. Busca ilustraciones en eventos diarios de tu vida al igual que en la vida de otros.

Anima a cada participante del estudio bíblico a completar cada lección antes de la reunión. Esto hará que el tiempo de compartir ideas sea más interesante. Puedes sugerir que las participantes respondan dos o tres preguntas al día como parte de su lectura bíblica diaria en vez de tratar de hacer una lección entera a la vez.

También trata de animar a las participantes a memorizar el versículo bíblico clave de cada lección. (Este es el versículo que está impreso en letras cursivas al principio de cada lección.) Si es posible, escribe los versículos en tarjetas de 7 x 12 cm. aproximadamente, para distribuir cada semana. Si no puedes hacer esto, sugiere a las participantes que lo hagan ellas mismas y las mantengan en un lugar prominente durante la semana.

El lugar de reunión tendrá cierto efecto en el estudio mismo. Un círculo informal de sillas, sillas alrededor de una mesa, la sala de alguien —este tipo de atmósfera anima a la gente a relajarse y participar—. Además de un ambiente informal, crea uno en que las participantes sientan libertad de participar y puedan sentirse a gusto.

Durante el tiempo de compartir ideas, éstas son algunas cosas que podemos observar:

- Asegúrate de no ser la única que habla. Este estudio no está diseñado para ser una conferencia o sermón.
- Anima a la discusión en cada pregunta al agregar ideas y preguntas.
- No hables de temas controversiales que pueden dividir el grupo. (Las diferencias de opinión son saludables, pero las divisiones no).
- No permitas que una de las participantes domine la plática. Usa comen-

tarios como este para incluir a otras al estudio: "Escuchemos un comentario de alguien de este lado del grupo" (el lado opuesto de la persona que domina la plática); "Escuchemos a alguien que no ha participado aún".

- Manténgase en el tema. La tendencia a desviarse del tema durante un estudio es común. Una de tus responsabilidades como líder es mantener al grupo en el tema.
- No te quedes estancada en un tema que únicamente le interesa a una sola persona.

Quizás quieras usar los últimos 15 minutos del horario para orar. Si tienes un grupo grande de mujeres, divídelas en grupos pequeños para orar. Podrías llamar a estos momentos "Tiempo de compartir y demostrar cariño".

Si tu estudio bíblico es durante la mañana, anima a las participantes a ir a almorzar con alguien diferente de vez en cuando. Esta es una buena manera de conocer mejor a las damas nuevas. Ocasionalmente puedes planear un día para que las damas traigan sus propios almuerzos o ensaladas para compartir y almorzar juntas. Estas actividades ayudan a promover el compañerismo y la amistad en el grupo.

El siguiente horario es únicamente una sugerencia. Tú puedes planear tu propio horario, usar uno de estos ejemplos, o adaptarlo a tus necesidades.

Estudio Bíblico en dos horas

10:00–10:15 Refrescos y compañerismo

10:15–10:30 Tiempo para conocerse

Pide a dos señoras que tomen 5 minutos cada una para contar algo de sí misma y su familia.

Usa este tiempo para hacer los anuncios, y si es apropiado, recolectar una ofrenda para las niñeras.

10:30–11:45 Estudio bíblico

La líder guía la participación sobre las preguntas de la lección correspondiente.

11:45–12:00 Tiempo de oración

Estudio Bíblico en dos horas

10:00–10:45 Estudio bíblico

La líder enseña la lección basada en el contenido. No hay intercambio de ideas durante este tiempo.

10:45–11:00 Refrescos y compañerismo

11:00–11:45 Tiempo de participación del grupo

Divídelas en grupos pequeños con una líder escogida para cada grupo. Comparte ideas sobre las preguntas de la lección correspondiente.

11:45–12:00 Tiempo de oración

Estudio bíblico de 1 hora y media

10:00–10:30 Estudio bíblico

La líder guía la participación de la mitad de las preguntas de la lección correspondiente.

10:30–10:45 Refrescos y compañerismo

10:45–11:15 Estudio bíblico

La líder continúa pidiendo comentarios sobre las preguntas de la lección.

11:15–11:30 Tiempo de oración

Respuestas Para el Uso de la Líder

La información dentro del paréntesis es instrucción adicional para la líder de grupo.

Lección 1

1. Un siervo de Dios y del Señor Jesucristo.
2. Jesús y los otros hermanos de Santiago (Simón, Judas, José) y sus hermanas.
3. Santiago está practicando lo que él predica en Santiago 4:10, la humildad. Él se presentó en el mismo nivel de los demás siervos de Dios.
4. Mencionar los nombres en nuestras conversaciones con la intención de elevarnos en los ojos de otros por tal relación.
5. Nos hace sentir más importantes y con mucho más valor. Pero Dios nos dice que nosotras somos más valiosas por lo que somos y no por conocer a gente famosa.
6. Siendo judíos creyentes, ellos serían rechazados por sus propios paisanos y por los gentiles. Las familias habían sido separadas y dispersadas. Algunas familias quizás no sabrían en qué lugar se encontraban otros miembros de la familia.
7. Ellos serían esparcidos por todas las naciones.
8. Tener por sumo gozo cuando las pruebas vienen a tu vida.
9. Nuestra primera respuesta es generalmente ¿Por qué a mí? Luego la siguiente es, ¿por qué ahora?, ¿por qué esto? Nosotras nunca estamos listas para las pruebas.
10. Nosotras pensamos que merecemos algo mejor, pero lo que estamos haciendo en realidad es dudar de la bondad de Dios y su sabiduría en permitir las pruebas.
11. Cuando está en una prueba, piensa con gozo en lo que puede aprender de ella.
12. Filipenses 4:13—Puedo hacer todo con el poder de Dios. Isaías 40:31 —"tendrán nuevas fuerzas" en este versículo significa literalmente *intercambiar*. Cuando cambio mi fuerza por la fuerza de Dios, puedo tener todo por sumo gozo. Isaías 26:3 — Yo me hago recordar a mí misma las promesas de Dios y continúo confiando en él para que se cumplan en mi vida, y Dios me da paz.
13. (a) Cuando. (b) (Pide que las damas cuenten alguna experiencia en su vida). (c) (Una vez más, pide a algunas damas que expresen sus respuestas a esta pregunta).
14. Las pruebas son inesperadas y no planeadas.
15. *Diversas*: de diferentes clases, variadas en número. *Pruebas*: tentaciones. *prueba*: evaluación. *Produce*: desarrolla. *Paciencia*: perseverancia. *Completa*: madura e íntegro. *Cabales*: completo, enteramente desarrollado.
16. Mis hermanos en Cristo: considera la experiencia como gozosa cuando se encuentren en varias pruebas, porque saben que van a desarrollar perseverancia cuando su fe sea probada. La perseverancia, a su tiempo, hará que maduren y lleguen a ser completamente desarrollados.
17. Las pruebas son un examen para nuestra fe, y el resultado final será paciencia para perseverar.

18. Nunca aumentaría ni crecería.
19. Creyentes maduras.
20. (a) Espirituales (b) Al mismo tiempo que madure espiritualmente, no me faltará nada para soportar cualquier situación que tenga que enfrentar.

Lección 2

1. Dos de nuestras necesidades más grandes son la sabiduría y la fe.
2. Nosotras frecuentemente estamos confundidas. No podemos entender lo que Dios está haciendo, y no sabemos cómo actuar ante lo que está sucediendo. Necesitamos de la sabiduría de Dios y de su dirección.
3. Nuestro esposo, familiares, un pastor, o un consejero.
4. A Dios, nuestro Consejero.
5. (a) Generosamente, y no de mala gana. (b) Él seguirá dando.
6. Él nunca dice: "¿Por qué estás pidiendo nuevamente?" Él no nos interroga, ni mucho menos nos regaña. Sencillamente da sin ningún espíritu de amargura.
7. No piden con fe. Cuando no confiamos en Dios, confiamos en nosotros mismos; entonces Dios no puede obrar.
8. Como las olas del mar arrastradas de un lado a otro por el viento.
9. Un día confiamos en Dios, al siguiente día no. Jamás habrá paz ya que somos echados de un lado a otro por la duda y el temor.
10. La fe viene por el oír la Palabra de Dios. El practicar lo que oímos desarrolla fe en nuestro corazón.
11. Una firme convicción de que Dios me ama y que todo está bajo su control cuando yo no puedo ver ni entender lo que está haciendo. Así mismo, creo que Dios es bueno aun cuando las cosas no parecen buenas.
12. (a) Los pobres se dan cuenta que ellos son realmente ricos porque pertenecen a Cristo; en el cielo ellos estarán lado a lado con los ricos. (b) El hombre rico entiende que su verdadera riqueza no se encuentra en las cosas materiales, sino en sus riquezas eternas. Externamente, ricos y pobres son diferentes; internamente, son iguales; ambos necesitan fe.
13. Ellos están aquí hoy día pero mañana se habrán ido.
14. Perseverancia y amor a Dios.
15. Con una corona de vida.
16. Podría ser ambas cosas.

Lección 3

1. Cuando.
2. El pecado empieza desde adentro, y no desde afuera. Empieza en el corazón cuando la naturaleza pecaminosa y carnal toma control.
3. (1) Concupiscencia (deseo). (2) Atraído (decepción). (3) Concebir (desobediencia). (4) Consumado (muerte).
4. El pecado trae la muerte a cualquier tipo de relación. El pecado mata a una buena reputación. El pecado destruye el autoestima. La persona vive una experiencia de muerte similar a un incrédulo que está separado de Dios.
5. El pecado empieza en nuestro corazón con la concupiscencia, luego la concupiscencia concibe. La concepción es la unión de dos entidades. Nuestra naturaleza pecaminosa

y carnal se une con la tentación externa, y nace el pecado. Si el pecado toma el control total de nuestra vida, nosotras perdemos toda comunicación con Dios. Nuestro pecado nos separa de Dios, y nuestra comunión con él se habrá roto. No te dejes perder ni engañar por el pecado; pues conduce a la muerte.

6. (Pide que las damas describan algunas de las experiencias que han tenido).
7. Cuando nosotros recordamos lo bueno que Dios ha sido con nosotras y todas las bendiciones que hemos recibido, ¿cómo podemos darle la espalda y pecar deliberadamente? (José dijo esto en Génesis 39:9).
8. Dios, quien da buenas dádivas, continuará dando; él nunca cambia.
9. Engendrar.
10. La Palabra de Verdad, la Biblia.
11. (a) No. (b) Dios origina el nacimiento, y viene como resultado de oír la Palabra de Verdad.
12. Las primicias fueron las primeras cosechas que fueron entregadas a Dios en un estado puro (Éxodo 22:29; 23:19). El Nuevo Testamento usa el término para indicar abundancia, excelencia, un ejemplo de una gran cosecha. Santiago estaba diciendo que los creyentes debían entregar a Dios lo mejor.
13. Nosotras somos lo mejor y lo más fino de su creación.
14. Debemos guardar en mente que estamos aquí para honrar a Dios y no deshonrarle.
15. La Palabra puede señalarnos el error en nuestra vida o también puede guardarnos del error.
16. Cuando somos atraídos por el pecado, a menudo culpamos a Dios o a otros. No queremos escuchar lo que dice la Palabra de Dios, en cambio discutimos con Dios y hasta nos enojamos con él.
17. Muchas veces cuando Dios no hace lo que nosotras pensamos que debería hacer, nos molestamos con él. Empezamos a gritar órdenes a nuestro jefe, quien realmente está en control de nosotras. Mucha gente que alguna vez tuvo un testimonio brillante para Dios, ahora son gente amargada y enojada. El mundo los mira, y los llama hipócritas.
18. Quita de tu vida pensamientos y acciones impuras ("Toda inmundicia y abundancia de malicia").
19. La palabra implantada quiere decir que debemos recibir la Palabra de Dios en la buena tierra de nuestra alma como un injerto.
20. Nos guarda de los deseos de la carne y nos ayuda a resistir la tentación. Si no somos vigilantes, estas dos cosas nos llevarán al pecado y a la muerte.

Lección 4

1. La Palabra de Dios.
2. ¡Ella demanda acción! No debemos leerla de una manera pasiva y dejarla a un lado sin haber sido desafiada a obedecerla.
3. Nos muestra lo que realmente somos (nuestra naturaleza pecaminosa) y lo que podemos llegar a ser (semejantes a Cristo).
4. Él piensa que es salvo porque va a la iglesia y hace algunas buenas obras, pero realmente no tiene deseos de agradar a Dios. Y en realidad ni se da cuenta que la razón por la cual no tiene deseos de agradar a Dios es porque no es salvo. Tal persona está edificando sobre una base falsa.

5. Nosotras simplemente somos oidoras de la Palabra y no hacedoras. Puede que nosotras tengamos una fe viva en Cristo, pero no una fe creciente. Una fe creciente lleva a la acción y será aumentada. Nos hará más que oidoras; seremos realmente vencedoras.
6. Nos da un reflejo de nosotras mismas, y nos muestra cosas que debemos hacer para parecer y ser justas.
7. Muchas mujeres pasan mucho tiempo tratando de corregir o cubrir algunos defectos de su rostro mediante el maquillaje para así lucir una buena apariencia. Pero muy pocas ocupan el mismo tiempo trabajando en su belleza interior mediante la lectura, la obediencia y la meditación en la Palabra de Dios.
8. Podríamos decir que ella es descuidada o perezosa.
9. (a) Cuando nosotras obedecemos la Palabra y estamos bien con Dios y con los demás experimentamos un agradable sentimiento de libertad y paz en el corazón. (b) La desobediencia nos conduce a ser esclavos del temor, la culpa, la vergüenza y la confusión.
10. Aquella que ignora, descuida o rehúsa hacer lo que la Palabra requiere.
11. (a) (Anima a las damas a examinar su corazón y responder a esta pregunta). (b) (Pide que algunas damas leen sus respuestas).
12. Algunas personas leen la Biblia y oran cada día (la acción) pero no hay ningún cambio en su vida porque no quieren poner a Cristo en primer lugar.
13. (a) "se cree". (b) ej., piensa de sí mismo.
14. La palabra tiene que ver con practicar un rito, una formalidad o una ceremonia.
15. El énfasis está en su desempeño externo y no en su corazón.
16. Se cree religioso; no frena su lengua; se engaña a sí mismo.
17. El piensa que solamente cumpliendo con ritos es lo que agrada a Dios.
18. (a) Autocontrol, una lengua refrenada. (b) Amor por otros. (c) Santidad o pureza.
19. Una lengua controlada: No hablamos mal de nadie ni usamos un lenguaje inapropiado. Amor por los demás: Nos preocupamos por aquellos que pasan necesidad, especialmente por aquellos que no pueden dar nada a cambio (ej., viudas y huérfanos). Santidad o pureza: Debemos ser justas no solo externamente, sino también internamente. Cuando somos justas, las cosas impuras de este mundo no nos atraen.

Lección 5

1. Hacer distinciones injustas entre las personas, o juzgarlas por su apariencia.
2. La fe juzga las cosas que no se ven; la acepción de personas juzga lo que se puede ver.
3. Dos visitantes entran a la iglesia. Uno de ellos está con ropas muy hermosas y finas, también lleva muchas alhajas de oro; el otro hombre obviamente es pobre. El ujier saluda al hombre rico y lo conduce hasta un buen asiento en el auditorio. El hombre pobre es dejado para que encuentre una silla sin que nadie lo salude ni le haga sentir que es bienvenido.
4. Zapatillas, pantalones jeans, y cualquier otra prenda de vestir son más impresionantes si tienen la marca de prestigio. Ciertas áreas son conocidas como "el lugar para vivir". Las marcas de algunos carros impresionan y sus nombres suenan elegantes.
5. Nosotras podríamos estar más interesadas en lo que tienen, que en lo que son. Si les prestamos atención especial, puede que nos beneficie materialmente. Ya que los pobres no pueden hacer nada por nosotras, les damos a ellos sin esperar nada a cambio.

6. (a) No. (b) Dios no nos escoge por nuestros méritos. El escogió al débil para que fuera su testigo, al simple para que fuera fiel y a los viles de este mundo para que fueran nobles.
7. (a) ¿No os oprimen los ricos? (b) ¿No son ellos los mismos que os arrastran a los tribunales? () ¿No blasfeman ellos el buen nombre que fue invocado sobre vosotros?
8. Mostrar amor es obedecer a Dios. Hacer acepción de personas es desobedecer a Dios.
9. (a) No. (b) Ellos estaban familiarizados con la ley del Antiguo Testamento, y esto estaba escrito allí.
10. Seis mandamientos (5-10) se refieren a cómo debemos tratar a otros.
11. Porque esa ley reglamenta a todas las demás leyes. No hubiera necesidad para la mayoría de las otras leyes si tan solamente guardáramos ésta.
12. ¿Cuántas leyes debe quebrar un hombre para ser considerado un transgresor de la ley? ¡Solamente una! Todas nosotras somos culpables delante de Dios como pecadores que necesitan el perdón.
13. Adulterio y asesinato.
14. Somos libres para amar a otros porque Cristo nos ha liberado de nuestro egoísmo, prejuicio, odio y amargura.
15. Si nosotras no estamos mostrando misericordia, tampoco recibiremos misericordia de los hombres ni de Dios, aquí ni en el tribunal de Cristo. Lee Mateo 5:7.
16. (Pide a las damas que se tomen un tiempo para examinar su corazón).
17. (Pide a las damas que den algunos ejemplos de cómo hacemos acepción de personas).

Lección 6

1. La fe que salva es una fe viviente; una fe que solo se profesa es una fe muerta.
2. Por la fe solamente.
3. Ellas han hecho cosas "religiosas" y las han hecho en el nombre de Dios.
4. Los creyentes hemos sido salvados para servir: "creados... para buenas obras". Servimos por gratitud a Dios porque hemos sido salvados, y no para conseguir salvación o para permanecer salvos.
5. Una fe muerta sin evidencia de realidad en ella. Hay muchos que profesan fe en Cristo, pero muy pocos poseen esa fe.
6. (a) No, esto sería imposible. (b) El está ilustrando que las palabras sin hechos carecen de valor para el necesitado. Igualmente, las palabras sin actos de fe no nos servirán de nada delante de Dios.
7. Los veremos crecer y dar fruto. También ofrecerán un lugar de descanso y refugio. Un ave no hace su nido en un árbol muerto.
8. Su vida es improductiva y estéril. Nunca podemos ver cambios ni crecimiento.
9. (a) No conozco de ninguno. (b) No hay nada más; todo lo que tenemos es nuestro fruto. "Por sus frutos los conoceréis" (Mateo 7:20). No tenemos que adivinar si un árbol está vivo. Da fruto o no da fruto; su condición nos da la respuesta. De la misma manera, la fe viva produce la evidencia de la fe: buenas obras.
10. Yo puedo decir cualquier cosa con mi boca, y puede que no sea verdad. Sin embargo, si mi corazón ha sido cambiado por el nuevo nacimiento, la manera como vivo demostrará lo que digo. "De la abundancia del corazón habla la boca" (Mateo 12:34).
11. Los demonios.

12. Marcos 3:11: La deidad de Cristo. Lucas 8:29-31: La existencia de un lugar de castigo.
13. Uno cuyas palabras son vacías; habla mucho, pero dice poco. El escritor John Blanchard lo llama un "charlatán espiritualmente ignorante".
14. Por la fe que obra.
15. (a) No; el ya había sido justificado por su creencia en la promesa de Dios en Génesis 15:4-6. (b) No; Abraham levantó el cuchillo para ofrecer a Isaac, pero no tuvo que matarlo como un sacrificio. (c) El creyó que Dios levantaría a Isaac de la muerte.
16. Aun las personas más viles y pobres deben demostrar sus obras como evidencia de una fe genuina.
17. Seríamos vanas y hasta jactanciosas si pudiéramos salvarnos a nosotras mismas. La salvación es solo por fe y nada más.
18. Nosotras somos salvadas por medio de la fe, pero las obras muestran que tenemos una fe viva. Las obras muestran que nuestros "signos vitales" están funcionando y revelan nuestra condición espiritual.

    (Si las damas no han pensado acerca del "chequeo espiritual", pide que lo hagan ahora. Puedes pedir a algunas damas que cuenten sus respuestas si el tiempo lo permite).

Lección 7

1. Es una gran responsabilidad ser maestro. Si no conocemos o hablamos la verdad, podríamos dirigir a la gente a la perdición. El maestro tiene el poder de la verdad o del error.
2. Todos tropezamos y caemos, pero debemos siempre buscar la madurez y la semejanza a Cristo. Cristo fue el único que nunca ofendió con su lengua. Dios quiere que lleguemos a ser más como Cristo, sin ofender ni condenar a nadie con nuestra lengua.
3. Cuando empezamos a ver un cambio en nuestro control sobre la lengua, sabemos que estamos logrando progreso espiritual; estamos empezando a madurar.
4. Un pequeño freno controla todo el cuerpo de un caballo. Un pequeño timón controla una gran nave.
5. Tiene el poder de controlar y dirigir nuestra vida y la vida de otros.
6. Cuando mi lengua está fuera de control, me sube la presión de la sangre, me da dolores de cabeza, me da úlceras, y me hace irritable.
7. Puedo intimidar a otros; puedo ser tan criticona y condenadora que la gente se sienta incómoda a mi alrededor. Puedo hacer que otros se sientan sin valor y no amados.
8. Para bien: Si veo a un hermano que está empezando a desviarse espiritualmente, y yo amorosamente expreso a él mi preocupación; puede que logre salvarlo de la destrucción espiritual. Natán hizo esto por David (2 Samuel 12:1-7). Para mal: Puedo enemistar a una persona con otro hermano solamente con revelar un error secreto que él tiene. A él le será difícil olvidar lo que le dije y pueda decirlo a otros. La reputación de la primera persona será finalmente arruinada por causa de mi lengua maligna.
9. El fuego bajo control es una fuente de mucho valor y ayuda; una lengua controlada por el Espíritu es una fuente de bendición y ánimo. El fuego descontrolado es devastador y puede causar un daño incalculable; una lengua fuera de control puede devastar a una persona y causar daño irreparable. Las palabras una vez dichas ya no se pueden recoger.

10. (Pide que las damas cuenten de circunstancias en las que estuvieron involucradas o que han escuchado).
11. Para mantener una buena relación con Dios, debemos cuidar nuestra relación con los demás también.
12. Sugiere que la lengua es capaz de cometer cualquier pecado conocido por el hombre.
13. La boca habla lo que está en el corazón de la persona, y todo lo malo que hable con su lengua daña o mancha toda su persona.
14. Una lengua fuera de control puede deshonrar y destruir todo el cuerpo de creyentes en una iglesia local.
15. (a) No necesariamente; sin embargo debe de haber una diferencia si una persona ha estado creciendo espiritualmente. (b) La lengua nunca puede estar completamente controlada en todo momento, ya que la lengua es como un fuego humeante con chispitas que puede encenderse en cualquier momento.
16. Cuando la cólera y el odio controlan nuestra lengua, esto viene del diablo y no del Espíritu de Dios. El hombre no puede controlar el poder del diablo; solamente Dios puede.
17. Un mal que no puede ser refrenado: — Nadie puede estar seguro que no tendrá un desliz de su lengua y decir algo malo. ¿Quién puede decir con toda certeza, "Yo nunca más criticaré ni diré una palabra desagradable?" ¡Nadie! Llena de veneno mortal: — La lengua, como el veneno mortal, puede destruir a una persona de inmediato o lenta y secretamente; una palabra aquí, una palabra allá, hasta que la persona esté destruida.
18. Con la ayuda de Dios, yo puedo controlar lo que digo.

Lección 8

1. Él habla palabras muy religiosas en la iglesia, pero muy feas en la casa.
2. Uno puede condenar, criticar, destruir a cualquiera hasta hacerle sentir despreciable, inútil y sin valor.
3. Puede que realmente no pertenezcamos a Dios. Puede que seamos como el hombre religioso en Santiago 1:26.
4. Una persona que desempeña dos papeles. Hace muchos años un actor usaría dos máscaras diferentes, una para representar al muchacho bueno y la otra para representar al villano.
5. Si uno ama a Dios de verdad, no puede odiar al hombre que Dios creó. Si uno odia a alguien entonces no ama a Dios. Si dice que ama a Dios y odia a su hermano, es un hipócrita.
6. Debemos tener una relación personal con Jesucristo para que el Espíritu Santo pueda controlarnos. Entonces debemos permitir que el Espíritu Santo tenga el control total de nosotras para que nuestra naturaleza pecaminosa no sea la que nos controle.
7. Las envidias y las contiendas.
8. La envidia y las contiendas producen arrogancia y jactancia junto con la autodecepción. Somos tan engañadas, que nos mentimos a nosotras mismas.
9. Los celos.
10. Los celos obligan a las personas a hacer cualquier cosa necesaria para conseguir lo que quieren, sin importar cuánta disputa o daño resulte.

11. Terrenal: —busca la dirección del hombre, no la de Dios. Animal (sensual): —hace lo suyo propio, no importa a dónde lo conduzca, sin tomar en cuenta a Dios ni al hombre. Diabólica: —es el mal y todo lo controlado por Satanás.
12. La confusión y toda obra malvada.
13. Dios no es el autor de la confusión, sino de la paz.
14. Porque proviene de nuestro Padre celestial.
15. Nuestra vida está caracterizada por un espíritu amable y humilde .
16. A Cristo.
17. Cristo no se vengó, ni devolvió insulto por insulto, o cólera por cólera. Él encomendó su causa a Dios, sabiendo que él tuvo control de todo.
18. *Pura*: irreprochable, consagrada, santa. La sabiduría de Dios comienza con un corazón consagrado a él. Cuando la pureza nos caracteriza, la gente puede ver en nuestra vida y escuchar en nuestra conversación todas las siguientes cualidades. *Pacífica*— Paciente y amorosa, tranquilidad, descanso. La sabiduría de Dios produce palabras llenas de paz y tranquilidad en nosotras. Si estamos caminando en paz con Dios, seremos pacíficas con aquellos que están a nuestro alrededor. *Amable*— Dócil, paciente. La sabiduría de Dios dirige nuestra conversación de manera paciente y dócil con otros, pasando por alto sus debilidades. *Benigna* —afable, benévolo, se somete. Nuestras palabras demuestran una voluntad de escuchar a los demás y confiar en ellos, aun aceptando sus puntos de vista. *Llena de misericordia* —Compasión. La sabiduría de Dios nos permite hablar palabras compasivas a aquellos que nos hacen daño. *Buenos frutos* —Buenas obras. La sabiduría de Dios produce buenas obras en nuestra vida y en nuestro hablar. *Sin incertidumbre* —Sin juzgar, certeza. La sabiduría de Dios nos permite hablar de otros sin juzgar, ni mostrar favoritismos. *Sin hipocresía*— Sin fingimiento. La sabiduría de Dios no oculta nada; es completamente honrada en todo.
19. (Anima a las damas a tomar un minuto para calificarse si todavía no lo han hecho. Puede que desees que algunas damas expresen sus ideas y respuestas a la segunda parte de la pregunta).
20. Sembrando paz.

Lección 9

1. Había mucha hostilidad y abuso verbal.
2. Concupiscencia y deseos incorrectos
3. A la gente y a las circunstancias.
4. La gente será contenciosa y criticona, destruyéndose los unos a los otros para satisfacer sus propios malos deseos.
5. (a) Egoísmo. (b) (Pide a las damas que tomen unos minutos para examinar su vida).
6. Con la lengua. La lengua puede destruir un hogar, una reputación, o el espíritu de una persona. Estas son apenas unas cuantas cosas; la lista puede seguir creciendo.
7. (a) Carnalidad o mundanalidad. (b) (Nuevamente, pídeles a las damas que examinen su corazón).
8. Falta de oración —"No pedís"; oración egoísta— "para gastar en vuestros deleites".
9. Están muy ocupados maquinando y manipulando las cosas para conseguir lo que quieren.
10. Egoísta; ellos quieren obtener lo suyo propio.

11. Nos haría pensar bien antes de orar por aquellas cosas que solamente satisfacen nuestra naturaleza vieja y pecaminosa.
12. Pidiendo de acuerdo a la voluntad de Dios; deseando lo que él quiere para mí y no lo que yo quiero.
13. (a) Él los llama almas adúlteras. (b) Ellos parecen ser cristianos mundanos y descarriados.
14. Las acciones descritas en 4:4 demuestran sabiduría terrenal, animal (sensual), diabólica, en lugar de una sabiduría celestial.
15. Cuando recibimos a Cristo como nuestro Salvador, entramos en una relación personal con él. La Biblia describe a Cristo como el esposo y a los creyentes como la esposa.
16. Él se aleja de Cristo y cumple sus deseos lujuriosos en el mundo. Busca a todo lo que el mundo puede ofrecerle—dinero, fama, placeres—para hallar satisfacción en lugar de buscar las riquezas que están en Cristo.
17. (a) Favor no merecido. Damos lo peor a Dios, y él nos da lo mejor. (b) La gracia es dada a aquellos que se humillan y reconocen que la necesitan.
18. Mandará lo que sea necesario para quitar el orgullo de nuestra vida.
19. Sometернos a Dios y resistir al diablo.
20. (a) Oponernos a él. (b) Lo enfrentamos con el poder del Señor y con nuestra armadura espiritual puesta.

Lección 10

1. Los lectores de Santiago no estaban viviendo como Dios esperaba de ellos.
2. (a) Acercarnos a él. (b) Una persona puede experimentar la presencia de Dios en su vida si cada día medita en su Palabra y la obedece. Experimentar la presencia de Dios también involucra la comunión con Dios en la oración.
3. Manos limpias, corazón limpio y un solo ánimo.
4. (a) Los sacerdotes del Antiguo Testamento tenían que lavar las manos antes de ofrecer los sacrificios en el tabernáculo o el templo. Esto ilustraba que nadie podía entrar a la presencia de Dios con las manos sucias; es decir, con pecados no confesados. (b) Manos limpias —pecados confesados; corazón limpio —motivaciones correctas; un solo ánimo —enfoques y prioridades correctas.
5. "De doble ánimo" en el griego significa *que tiene dos almas.* Un creyente que vacila entre Dios y el mundo es de doble ánimo. El corazón debe ser limpiado y consagrado totalmente a Dios.
6. (a) Afligíos. (b) Lamentad. (c) Llorad. (d) Vuestra risa se convierta en lloro. (e) Vuestro gozo en tristeza.
7. Si el arrepentimiento es verdadero, el pecador se verá a sí mismo como Dios lo ve y llorará. No se acercará a Dios descuidadamente.
8. Humillarnos.
9. Reconocer que estamos mal y cambiar nuestra conducta que es realmente la esencia del arrepentimiento.
10. Significa que ya sabe que está perdonado por Dios y los hombres, y que puede seguir la vida libre de su pecado y culpa.
11. Tan pronto como empecemos a alejarnos de Dios, empezaremos a criticar y juzgar..

12. (a) Él es un hermano. (b) Cuando hablamos mal de un hermano, violamos la "ley real" (Santiago 2:8): "Amarás a tu prójimo como a ti mismo". (c) La ley de Dios no es dada para que opinemos acerca de ella, sino para obedecerla. (d) Ya que Dios tiene un conocimiento ilimitado, él tiene la autoridad y la habilidad para juzgar todas las cosas. Nosotras no tenemos esa habilidad; nuestro juicio puede ser equivocado.
13. Vivir sin ningún reconocimiento de la soberanía de Dios ni del plan que él tiene para nuestra vida.
14. La voluntad de Dios. Nuestra vida y nuestros planes dependen de Dios.
15. (a) No. (b) Es una actitud de sumisión a los planes de Dios para nuestra vida; debemos desear lo que él quiere para nuestra vida.
16. Es incierto, transitorio y temporal.
17. "Yo no necesito de Dios; yo soy dueño de mi destino".
18. (a) Que tenga sumo gozo cuando me halle en diversas pruebas. (b) No permitir que Satanás me engañe y me haga caer en pecado. (c) No hacer acepción de personas. (d) Producir buenas obras en mi vida a través de la fe. (e) Aprender a controlar la lengua. (f) Apartarme de la mundanalidad por medio de un espíritu sumiso y humilde. (g) Si me acerco a Dios, él se acercará a mí.
19. (a) Obedecerlas. (b) Es pecado: "Al que sabe hacer lo bueno y no lo hace, le es pecado" (4:17).

Lección 11

1. Demasiado énfasis o atención en objetos o necesidades materiales con una falta de interés o rechazo de los valores espirituales.
2. Por ser materialistas.
3. (a) Los ricos tenían mucho más de lo que necesitaban. Las cosas perecederas se echaban a perder. Sus roperos se abultaban con más cosas de lo que ellos podían ponerse. Sus ropas eran comidas y arruinadas por la polilla, sin que ni siquiera las hubieran usado. Ellos tenían su dinero amontonado en depósitos; el oro y la plata se deslucía y se ponía mohoso. (b) (Pide que las damas lean sus descripciones). (c) (Permite que las damas piensen acerca de esta pregunta. Puedes enfatizar y recalcar que aun la gente muy pobre puede ser materialista).
4. No debemos atesorar egoístamente todas nuestras pertenencias, cuando otros padecen de necesidad.
5. Ellos defraudaban a los obreros pobres y no les daban el jornal justo por un día de trabajo.
6. Ellos clamaban al Señor.
7. Ellos no se daban cuenta de que un día de juicio se acercaba.
8. (a) Ser pacientes y sufridos. (b) La venida del Señor se acerca.
9. (Pide que algunas damas cuenten sus experiencias).
10. Las pruebas terminarán cuando venga el Señor.
11. Nosotras queremos culpar a otros por nuestras desgracias en lugar de sujetarnos a Dios y reconocer que él tiene el control de todo; él ha permitido la prueba.
12. ¡Juzguémonos a nosotras mismas! Un día cada una se dará cuenta de su propia vida; nadie lo hará por otra persona.
13. Dios nunca nos dará más pruebas de las que podamos resistir con su ayuda.
14. Job.

15. Preguntamos ¿por qué? Decimos "Yo haré esto, si tú haces aquello, Señor". A veces ponemos "vellones" como Gedeón . (Lee Jueces 6:36-40).
16. Los creyentes no debemos usarlas. Debemos decir lo que queremos dar a entender. Si nosotras queremos decir sí, entonces debemos decir sí. Si queremos decir no, entonces debemos decir no.
17. "Te juro que digo la verdad, te lo juro por Dios". "Lo juro por la Biblia". "Lo juro por mi madre".
18. (a) Una palabra o frase que es menos desagradable que otra. (b) Santo cielo, Ay Dios, Dios mío, Virgen Santísima (c) (Estas expresiones toman el Nombre de Dios en vano en la mayoría de los casos, lo cual Dios prohíbe en los Diez Mandamientos y "Virgen Santísima", no sería correcto que un creyente invocara el nombre de la Virgen cuando sabemos que no oye ni contesta).
19. (Anima a las damas a usar esto como un tiempo de autoexamen si todavía no lo han hecho).

Lección 12

1. Falta de oración y negligencia en la alabanza.
2. Tenemos un enemigo que no quiere que vivamos victoriosamente. El sabe que tanto la oración como la alabanza son esenciales para la vida victoriosa, así que él hace todo lo posible para desviar nuestra atención a otras áreas. También muchos creyentes descuidan la oración y la alabanza porque no caminan junto a Cristo.
3. Nos afanamos, quejamos, le decimos de todos nuestros problemas a todo el mundo, menos a Dios.
4. Salmo 50:15— Cuando clamamos al Señor, nos librará. 1 de Pedro 3:12 — El Señor mira lo que está sucediendo, y él escucha a nuestras oraciones.
5. 1 Crónicas 16:8-10—Debemos comunicar a otros lo grandioso que es nuestro Dios. Colosenses 3:16-17— Cantar es una manera de expresar nuestra gratitud a Dios por sus bondades.
6. (a) No. (b) Pablo tenía los poderes del apostolado, pero él no sanó a Trófimo ni a Epafrodito, sus colaboradores en el evangelio. Pablo mismo pidió tres veces ser sanado, pero no le fue concedido.
7. (a) No. (b) Pablo no fue sanado, para que el poder de Dios fuese mostrado a través de la debilidad de Pablo.
8. Los ancianos de la iglesia.
9. Orar y ungir al individuo con aceite.
10. El aceite no tenía poderes curativos. Pudo haber sido usado para proveer tranquilidad. Pero era la oración de fe la que sí sanaba.
11. Santiago ya había tocado este tema en 4:15 – "En lugar de lo cual deberíais decir: Si el Señor quiere, viviremos y haremos esto o aquello". Santiago da por sentado que sus lectores conocen que sus oraciones están sujetas a la voluntad, y sabiduría de un Dios soberano.
12. Sanidad espiritual.
13. (a) Dios. (b) A aquél a quien hemos ofendido, o a aquel que nos ofendió.
14. La oración de un hombre justo.
15. Orar para que la voluntad de Dios sea hecha.

16. Así como nosotras, Elías era un ser humano. Él podría desanimarse (1 Reyes 19:1-18), pero él también tenía fe para creer que Dios podía responder a las oraciones (1 Reyes 17:21-22; 18:36-38).
17. Nosotras podemos justificar cualquier pecado cuando hemos dado la espalda a Cristo y a su Palabra; Ambos son la verdad—Cristo y su Palabra (Juan 14:6; 17:17).
18. La persona más miserable que vive sobre esta tierra, es el creyente descarriado que todavía siente la culpa y vergüenza de su pecado. Él está viviendo en una condición de semimuerto. La persona que lo hace regresar al camino de la verdad lo salva de una destrucción espiritual total y de morir bajo la disciplina de Dios (Hebreos 10:26-27).
19. Dios las esconde o las cubre.
20. (Si el tiempo lo permite, anima a algunas damas para que expliquen la manera como Dios ha trabajado en su vida).